Se voir tel qu'on est

Sa Sainteté le Dalaï Lama

Se voir
tel qu'on est

Avant-propos de Jeffrey Hopkins, Ph. D.

Traduit du tibétain et édité par Jeffrey Hopkins, Ph. D.
Traduit de l'anglais (États-Unis) par Alain Wang

Plon

Titre original : *How to see yourself
as you really are*
Éditeur original : Atria Books, New York
ISBN original : 0-7432-9045-6
© original : 2006, by His Holiness the Dalai Lama

ISBN 978-2-7578-0836-8
(ISBN 978-2-259-20502-3, 1re publication en langue française)

© Plon, 2007, pour la traduction française

Avant-propos

Le livre de Sa Sainteté le Dalaï Lama émane de la notion fondamentale du bouddhisme que l'amour et la perspicacité (ou vue profonde) sont les deux ailes d'un oiseau battant de concert pour nous aider à atteindre l'illumination. Le thème majeur touche à la connaissance de soi, clé du développement personnel et de l'amélioration de nos relations avec les autres. Il nous montre que l'absence d'une connaissance réelle de soi nous confronte à des idées fausses et exagérées du moi, des autres, des phénomènes extérieurs ou des objets matériels. Les sens nous trompent et l'attachement et les actes négatifs dont les conséquences futures sont néfastes assiègent le mental. Le livre offre des solutions précises qui permettent d'éviter ces erreurs afin de vivre en saine interdépendance avec les autres.

La première partie de cet ouvrage propose des méthodes qui serviront à se défaire d'une vision erronée de notre vie, comme on retire un voile. La suppression de l'avidité ou de la haine est indispensable. Mais elle ne règle pas le problème en profondeur, à son origine. Nos sens et nos pensées sont éblouis par le vernis qui recouvre la vérité. L'enseignement de Sa Sainteté est la source spirituelle indispensable à la découverte de la réalité qui se cache derrière les apparences. L'acceptation implicite des choses telles qu'elles sont est appelée « ignorance ». L'ignorance n'est pas une méconnaissance de la réalité des êtres et des choses, mais la manifestation d'une perception erronée de leur nature fondamentale. La vraie connaissance de soi s'acquiert en démasquant nos idées erronées pour nous y confronter. L'objectif est de comprendre pourquoi nous avons des problèmes et ainsi apprendre à agir à la source de ces idées contre-productives.

La psychologie bouddhiste est renommée pour ses descriptions précises des processus du fonctionnement mental, et Sa Sainteté utilise l'introspection avec pragmatisme pour que le lecteur puisse les assimiler à travers ses expériences. Le thème principal s'intéresse à nos perceptions corrompues de l'apparence du corps et de l'esprit à l'origine d'une série d'erreurs néfastes allant de l'avidité à l'autre extrême, la haine. Nous sommes, comme ce buffle accroché à une longe, tirés vers les problèmes. Le renforcement de la vue profonde, dans ce processus, libérera les êtres qui nous entourent du cycle des vies où règne une douleur sempiternelle.

Dans cette première partie, une série d'exercices détaillés va augmenter l'aptitude à reconnaître la différence qui existe entre la perception que nous avons de nous-mêmes et la réalité. L'erreur de jugement étant appréhendée, nous procédons, dans la seconde partie du livre, à son élimination. Les techniques employées pour accomplir une telle transformation sont des exercices réputés de méditation bouddhiste sur la réalité des apparences. Le Dalaï Lama les illustre de ses expériences personnelles. Sa Sainteté guide le lecteur dans la pratique d'un éventail d'exercices concrets afin d'arracher le voile de l'illusion qui recouvre la réalité de l'existence. Il nous apprend à adopter un comportement adéquat basé sur une perception plus réaliste du cadre de nos vies. Cela pousse à mieux évaluer l'interdépendance entre les choses pour apprécier les relations humaines, contribution significative à la vie quotidienne.

La troisième partie du livre décrit la manière d'exploiter le pouvoir méditatif avec perspicacité afin de se fondre dans notre propre nature ultime et, ainsi, détruire les problèmes à leur source. Les quatrième et cinquième parties abordent la réalité des êtres et des choses, puisqu'ils n'existent plus comme nous le présumons. Le Dalaï Lama convie le lecteur à prendre conscience de la façon dont chaque chose dépend de la pensée et dont la pensée agence nos perceptions. Il nous rend ainsi lucides sur le sens de l'expression « exister sans idée erronée ». La dernière partie concerne la voie, l'état spirituel où la révélation de l'inanité des afflictions mentales et de la vérité de la souffrance renforcent l'amour. Dans ce contexte, la connaissance de soi s'affirme comme la clé du développement personnel et des relations constructives avec les autres. En sachant comment mettre la perspicacité au service de l'amour et l'amour au service de la perspicacité, nous trouverons dans l'annexe du livre un résumé global des étapes qui mènent à l'accomplissement de l'illumination altruiste.

Se voir tel qu'on est

Ce livre est une contribution du Tibet au patrimoine culturel mondial. Il nous rappelle la priorité de sauvegarder la terre tibétaine pour la préservation de cet héritage. L'aura étincelante des enseignements du Dalaï Lama se nourrit de cette culture, offrant introspections et pratiques méditatives dont nous avons tant besoin.

Jeffrey Hopkins, Ph. D.,
professeur honoraire du département
des Études tibétaines,
Université de Virginie.

Introduction
Mon point de vue

Chaque matin, au réveil, les actualités diffusées par la radio, la télévision ou la presse écrite nous confrontent aux histoires de violence, de guerre et de catastrophes. Dans le monde moderne, notre précieuse vie est sans défense : je ne me souviens pas d'une seule journée sans information relatant un crime. Face à l'afflux quotidien de nouvelles catastrophiques, entraînant peur et stress émotionnel, chaque être compatissant et sensible doit réfléchir sur les « progrès » de l'humanité à notre époque.

Ironie de l'Histoire, les plus graves problèmes émanent des sociétés industrielles les plus avancées où un degré sans précédent de scolarisation encourage la montée de l'insatisfaction et de l'impatience. Le progrès collectif est indéniable dans de nombreux domaines, les sciences et les techniques en particulier. Mais le progrès des connaissances, pour une raison ou une autre, est insuffisant. Les problèmes originels de l'humanité perdurent. Nous avons échoué en ce qui concerne la paix, et dans notre lutte pour faire reculer la souffrance.

Cet état des lieux nous pousse à conclure que la direction choisie dans la gestion des affaires du monde est dommageable. Sans une remise en cause immédiate, les conséquences pour l'humanité seront terribles. La science et la technologie ont largement contribué à l'essor de l'humanité, allant de l'amélioration du confort et du bien-être à une approche plus subtile du monde dans lequel nous vivons. Néanmoins, si nous consacrons trop d'efforts à ces activités, nous négligeons d'autres aspects du savoir utiles au développement d'un être altruiste et honnête.

Les sciences et les technologies ne se substitueront jamais aux valeurs spirituelles ancestrales, ferments véritables du progrès de la civilisation mondiale que nous connaissons aujourd'hui. Personne ne peut nier les acquis matériels de la vie moderne. Cependant, plus que jamais, nous sommes confrontés à la souffrance, la peur et l'anxiété. Il serait donc sensé de rechercher un juste équilibre entre, d'un côté, les progrès matériels et, de l'autre, le développement spirituel. Pour incarner ce grand changement, nous devons réaffirmer nos valeurs fondamentales et les renforcer.

J'espère que vous partagez mon opinion sur la crise morale mondiale. Priez avec moi pour que les humanitaires et les hommes de foi, sensibilisés à ce problème, agissent afin de rendre nos sociétés plus compatissantes, justes et équitables. Ce n'est pas le bouddhiste ou le Tibétain qui s'exprime, c'est simplement l'être humain. Je ne parle pas non plus en tant qu'expert en politique internationale (bien que je commente inévitablement ces sujets). Je suis porteur de la tradition bouddhiste qui est fondée, comme d'autres traditions religieuses, sur la sollicitude envers tous les êtres vivants. De ce point de vue, j'embrasse comme vous les convictions personnelles suivantes :

1. La sollicitude universelle est indispensable pour résoudre les problèmes mondiaux dans leur globalité.

2. L'amour et la compassion sont les deux piliers de la paix mondiale.

3. L'ensemble des religions mondiales et les mouvements humanitaires agissent pour la paix.

4. Tout individu doit intervenir auprès des institutions pour qu'elles répondent aux nécessités du monde.

Considérons chacun de ces points, l'un après l'autre.

1. La sollicitude universelle est indispensable pour résoudre les problèmes mondiaux dans leur globalité.

Parmi les nombreuses difficultés rencontrées aujourd'hui, nous devons endurer et régler avec sérénité les catastrophes naturelles. En revanche, il nous appartient de remédier aux problèmes dont nous sommes responsables, nés de malentendus. Ainsi les religions, les idéologies ou la politique génèrent des guerres. Les hommes se battent pour défendre des croyances, négligeant l'idée que chacun d'entre nous est un membre de la grande famille humaine. Nous ne devons jamais oublier que les religions, les idéologies et les théories politiques sont apparues pour amener l'humanité sur le chemin du bonheur. Ce but ultime et fondateur ne doit pas être oublié. À aucun moment les moyens ne doivent être considérés plus que la finalité pour laquelle ils ont été créés : la compassion doit toujours l'emporter sur l'idéologie.

La menace de destruction nucléaire est la plus grande catastrophe qui guette l'humanité. Je n'ai pas besoin de m'étendre sur le sujet. Je souhaite simplement interpeller les responsables politiques des pays dotés de l'arme nucléaire qui tiennent notre futur dans la paume de leurs mains, les scientifiques et les techniciens qui continuent leurs recherches pour élaborer ces armes de destruction massive, et vous tous, pour que la raison s'impose et que s'engage un processus de désarmement. Si la guerre nucléaire éclate, personne ne sera victorieux puisqu'il n'y aura plus de survivants ! Ne serait-il pas effrayant d'être témoin d'une destruction si inhumaine et cruelle ? Se mobiliser contre les causes potentielles d'une auto-destruction pour les annihiler, n'est-ce pas normal ? Il est difficile parfois de s'opposer à un danger sans connaître ses causes, ou, lorsqu'on le cerne, sans avoir les moyens ou le temps de l'éviter. S'agissant de la menace nucléaire, ce n'est pas le cas.

La totalité des espèces vivantes, de la plus évoluée, l'homme, aux moins évoluées, les animaux, tous recherchent la paix, le bien-être et la sécurité. La vie est aussi chère à l'animal dénué de parole qu'à l'être humain. Le plus petit insecte lutte pour se protéger contre les périls mortels. Nous nous battons pour survivre et éviter la mort à l'instar de toutes les créatures vivantes, bien que nos capacités à résister soient différentes.

Il existe grosso modo deux types de bonheur et de souffrance : mental et physique. Je crois que la joie et la souffrance mentales ont plus d'impact que leur équivalent physique. Je m'astreins donc avec force au travail mental afin de gérer ma souffrance pour atteindre un état où le bonheur est durable. Le bonheur se construit avec le calme intérieur, l'aisance matérielle, dans un environnement de paix mondiale. Pour atteindre de tels buts, il faut forger un sentiment de responsabilité universelle, une profonde sollicitude envers les autres, sans distinction de religion, couleur, sexe, nationalité ou appartenance ethnique.

Nous avons tous un seul désir : Être heureux et refuser la souffrance. Voilà le principe fondamental qui étaye ce sentiment de responsabilité universelle. Si nous ne respectons pas cette idée, la souffrance envahira notre planète. L'approche égoïste, la manipulation permanente des autres pour arriver à nos propres fins apportent des bénéfices ponctuels. Mais le bonheur individuel et l'idéal de la paix mondiale ne résistent pas sur le long terme.

Dans la quête du bonheur, les hommes usent de différents stratagèmes qui ont été, trop souvent, agressifs et rudes. Par égoïsme, ils empruntent des voies inhumaines, perpétrant des actes cruels envers d'autres êtres vivants. Ces actions aux buts mesquins n'engendrent que souffrance pour soi et les autres. Naître humain est un événement à part, exceptionnel ! Et il est sage de savoir utiliser au mieux cette grande opportunité. Nous devons garder vivant à l'esprit l'idéal commun. Ainsi, un homme ou un groupe ne peuvent rechercher le bonheur ou la gloire aux dépens des autres.

Finalement, seule une approche pleine de compassion permet d'aborder les problèmes mondiaux. Les technologies et le commerce international ont favorisé la mondialisation. Le monde est devenu plus petit et l'interdépendance plus grande. Résultat, le besoin des autres n'a jamais été aussi évident. Jadis, les problèmes se cantonnaient à l'intérieur des frontières du pays où ils se résolvaient. Aujourd'hui, le monde a changé. Une nation ne trouvera pas seule des solutions satisfaisantes pour répondre à ses propres difficultés. Elle dépend des intérêts, des intentions et de la coopération entre gouvernements. Traiter les questions mondiales d'une manière globale est une démarche saine pour atteindre la paix. Puisque nous sommes intimement reliés les uns aux autres, notre appartenance à la communauté internationale n'a pas de sens sans le sentiment de responsabilité universelle. Nous sommes incapables, en solitaires, de surmonter les dangers qui nous guettent, et encore moins de parvenir à la paix et au bonheur.

Qu'est-ce que cela suppose ? Il faut accepter le constat que les êtres chérissent le bonheur et refusent la souffrance. Et que la quête ne saurait être individuelle. Il serait alors moralement inconcevable et concrètement insensé de rechercher un bonheur personnel en niant les sentiments et les aspirations des autres membres de la famille humaine. Rechercher son bonheur en offrant à tous la possibilité de l'atteindre est ce que je désigne sous le terme « d'intérêt éclairé ». L'intérêt éclairé se transforme, avec un peu de chance, en « compromis éclairé » ou, encore mieux, en « intérêt mutuel » ; ceux qui pratiquent la compassion envers les autres et pensent que cette compassion n'est pas utile pour eux-mêmes, ceux-là se trompent. Les bienfaits de la compassion vous touchent directement. Une sensation de quiétude vous envahit subitement (des chercheurs en médecine ont récemment démontré qu'un esprit apaisé contribue à une meilleure santé). Une force spirituelle, une confiance et une satisfaction intérieures se développent, même si l'objet de votre sollicitude ne ressent peut-être pas les mêmes effets bénéfiques. L'amour et la compassion influent sur votre vie intérieure en modérant le stress, la méfiance et le sentiment de solitude. Un médecin occidental m'a récemment confié que les personnes prononçant souvent les mots « je », « mon », « moi » étaient particulièrement sujettes aux attaques cardiaques. J'en suis convaincu. En se centrant sur soi, la perception du monde se limite à vous, et le plus infime problème devient alors insupportable.

L'accélération de l'interdépendance entre les pays devrait ouvrir la voie à une coopération plus active. Or cet esprit de coopération sera hypocrite si les individus campent sur leur indifférence aux sentiments et au bonheur des autres. L'homme doit cesser d'être animé par la cupidité et la jalousie pour vivre en harmonie. L'approche spirituelle n'apportera pas, du jour au lendemain, la solution adéquate à chaque problème politique né de l'égocentrisme. Avec le temps, elle influera sur les racines des difficultés qui nous assaillent afin de les extirper.

Le monde est devenu si petit que chaque partie est dorénavant une part de vous-même. Par conséquent, abattre un ennemi revient à se tuer. Le concept de la guerre est absolument obsolète. Les hécatombes sanglantes ont ponctué le XXe siècle, le XXIe doit être le siècle du dialogue.

Si l'humanité persiste dans sa gestion opportuniste et au jour le jour des problèmes, les générations futures se heurteront à des situations cataclysmiques. La population mondiale a augmenté et les matières premières s'épuisent. La déforestation massive a des conséquences désastreuses sur le climat, les sols et l'équilibre écologique planétaire. Le chaos approche, guidé par des intérêts égoïstes et immédiats. En oubliant les préoccupations de la grande famille des êtres vivants, nous négligeons la terre et les conditions indispensables pour y maintenir la vie à long terme. Si nous ne réfléchissons pas à ces questions maintenant, les générations futures ne pourront plus s'en charger.

2. L'amour et la compassion sont les deux piliers de la paix mondiale.

L'attachement aux choses, selon la psychologie bouddhiste, est la source des problèmes. Nous les percevons à tort comme permanentes. Et pour posséder les fruits de notre imagination et combler nos désirs, nous nous montrons agressifs, ce qui rend la compétition entre les êtres inévitable. Les conflits surgissent. Cette propension nuisible est répandue chez les hommes depuis toujours. Et aujourd'hui, la puissance de machines et de techniques destinées à l'exploitation et à la consommation des ressources naturelles a démultiplié nos capacités d'action. En ne voyant pas les choses telles qu'elles sont, l'agressivité et la cupidité diffusent leur poison à travers le monde. Les difficultés traitées avec bienveillance disparaissent tandis que le choix de solutions inhumaines soulève une recrudescence des difficultés.

Le remède humanitaire est l'expression de l'amour et de la compassion, éléments indispensables à la paix mondiale. Nous sommes des animaux sociables unis par les liens vitaux de l'amour et de la compassion. L'amour et la compassion éprouvés envers une personne déshéritée reposent sur l'altruisme. À l'inverse, l'amour pour un mari, une femme, des enfants ou un ami proche est teinté d'attachement. Suivant l'évolution de ce lien, la bonté peut disparaître. L'amour suprême ne repose pas sur l'attachement mais sur l'altruisme, la réponse la plus efficace contre la souffrance.

Nous devons cultiver intérieurement l'amour et la compassion afin de les répandre le plus largement possible, bien au-delà des limites actuelles. Éprouver un amour sans discernement, spontané et illimité envers une personne qui vous a nui, ou un ennemi, est à votre portée. Le pouvoir de l'amour suprême est extraordinaire.

Le bouddhisme nous révèle que les êtres vivants nous ont chéris comme des mères, et à notre tour nous devons leur montrer la plus profonde gratitude en aimant tous les êtres vivants. Téter le sein de notre mère est un des premiers actes de notre vie. Le lait maternel symbolise l'amour et la compassion. Des scientifiques ont réalisé une expérience en isolant des bébés singes de leur mère pendant une longue période. Ils finissent par être inquiets et moins sociables. Les rapports avec les autres sont brusques. A contrario, les bébés qui n'ont pas quitté leur mère sont plus espiègles. Ils sont heureux. Pour le bouddhisme, nos renaissances sont innombrables et incalculables. Chaque être vivant, d'une renaissance à une autre, a été notre parent. La totalité des êtres appartiennent à une seule grande famille. Nos parents nous protègent et nous accordent leur bonté à la naissance. Nous sommes toujours dépendants de la bienveillance des autres avec les maladies et la vieillesse. Pourquoi, avec la maturité, ne pas offrir aux autres de la bonté ? Ce choix est en réalité pragmatique.

La pratique d'une grande religion n'est pas indispensable pour savoir cultiver la bonté et créer un sentiment d'intimité avec tous les êtres vivants. Les croyants ne sont pas les seuls concernés. L'origine ethnique, la religion ou le point de vue politique importent peu. Néanmoins, le sentiment d'appartenance à la famille humaine concourt à embrasser ce point de vue immense et durable. Les valeurs fondamentales d'amour et de compassion sont innées. Les opinions raciales, politiques et théologiques, nous les rencontrons plus tard. La violence est étrangère à la nature profonde de l'être humain. Pourquoi la presse s'intéresse-t-elle aux événements violents et s'arrête-t-elle rarement sur des actes de compassion ? La violence est choquante. Elle n'est pas en accord avec notre nature profonde. Alors que les actes de compassion sont cohérents puisqu'ils émanent de notre propre nature.

Le désir du bonheur, le refus de la souffrance et l'insignifiance de chacun comparé à la multitude des êtres incitent au partage de nos possessions avec les autres. Le bonheur qui découle de l'amour des autres et de l'altruisme est plus estimable que le fruit d'une recherche de richesses individuelle et égoïste.

La vie s'écoule immuable, apportant son lot de situations fâcheuses. Nous ne pourrons les affronter qu'en ayant, à l'aide d'une pratique spirituelle, l'esprit calme et lucide. Si la haine, l'égoïsme, la jalousie et la colère obscurcissent notre esprit, nous en perdons le contrôle. Nous pourrions être dans l'incapacité d'émettre le moindre jugement. À ces moments où la folie des hommes éclate, de terribles événements surviennent, la guerre par exemple. La pratique individuelle de la compassion et de la sagesse est salutaire pour tous. Elle l'est encore plus pour nos gouvernants qui tiennent dans leurs mains le pouvoir et l'opportunité d'établir la paix dans le monde.

3. L'ensemble des religions mondiales et les mouvements humanitaires agissent pour la paix.

Les principes présentés ci-dessus sont conformes à l'éthique de chacune des religions mondiales. Le bouddhisme, le christianisme, le confucianisme, l'hindouisme, l'islamisme, le jaïnisme, le judaïsme, le sikhisme, le taoïsme et le zoroastrisme sont des courants religieux qui s'orientent par des pratiques spirituelles vers un idéal d'amour pour le bienfait de l'humanité. Elles offrent aux fidèles une voie pour qu'ils s'améliorent. Les religions transmettent des préceptes moraux utiles au progrès de l'esprit, du corps, de la parole et du comportement : ne pas mentir ni voler ni prendre une vie, etc. La générosité est une valeur commune entre les grands responsables religieux. Elle constitue la règle de base de leur pratique spirituelle qui pousse les fidèles vers la bonté et les écarte des actes nuisibles nés de l'ignorance.

Les religions s'entendent sur le besoin de dompter l'esprit indiscipliné qui abrite l'égoïsme, source de tous les maux, en lui indiquant le chemin vers un état spirituel de tranquillité, de discipline, d'éthique et de sagesse. Je suis convaincu que chacune d'entre elles véhicule un message analogue. Bien entendu, les débats sont inépuisables sur les caractéristiques particulières des dogmes ou sur les différences culturelles. Les désaccords sur ces questions secondaires ne doivent cependant pas empêcher l'expression de la bonté qui émane de toutes les religions.

Beaucoup de religions désirent apporter bien-être et bonheur afin de guérir l'humanité de ces maux, comme des remèdes qui combattent une maladie. Leur objectif est d'aider les êtres vivants à s'écarter de la misère pour trouver la joie. Nous avons notre conviction religieuse. Pour autant, il ne faut pas nier la similarité des désirs qui nous unit. Chaque religion apporte une contribution en agissant sur la misère du monde. La conversion n'est pas un point d'achoppement. Je n'ai aucune intention de convertir les autres au bouddhisme ou de contribuer à la propagation de la cause bouddhiste. Mon unique souci est de participer, comme bouddhiste, au bonheur de tous les êtres vivants.

Je ne suis pas l'avocat d'une nouvelle « religion mondiale ». Je souligne simplement les points communs fondamentaux que partagent les religions mondiales. La diversité religieuse est indispensable pour enrichir l'expérience humaine et la civilisation mondiale. Nos esprits, dans leur disparité, ne pourraient pas se contenter d'une approche unique vers la paix et le bonheur. C'est aussi le cas pour les goûts culinaires. Certains sont attirés par le christianisme, d'autres préféreront le bouddhisme parce qu'il ne fait pas référence à un créateur divin. Vous avez le choix. De tels arguments existent pour distinguer les autres religions. Mais nous devons admettre le besoin de cette diversité. Les religions se sont adaptées aux modes de vie locaux et aux traditions culturelles pour mieux répondre au besoin spirituel de chacun.

De ce point de vue, j'accueille les efforts entrepris dans le monde entier pour améliorer la compréhension entre les religions. Nous devons agir vite. Si les religions placent le progrès du genre humain au cœur de leurs préoccupations, elles pourront œuvrer ensemble à la paix mondiale. L'esprit œcuménique sera la force de cohésion indispensable pour cette coopération. Ce point est crucial. Mais il n'existe aucune méthode rapide ou facile pour faire converger les divergences doctrinales, ou encore pour voir naître un seul courant universel qui puisse satisfaire tout le monde. Chaque religion apporte sa contribution et répond à la demande d'un groupe précis d'hommes. Le monde ne peut pas vivre sans cette diversité religieuse.

Les fidèles intéressés par la paix dans le monde doivent s'atteler à deux tâches primordiales. Pour commencer, la promotion du dialogue interreligieux qui instaure un terrain d'entente entre les religions, dans le respect de la croyance d'autrui et le redoublement de la sollicitude pour le bien-être des hommes. Nous devons ensuite trouver un consensus salutaire pour définir les valeurs spirituelles fondamentales qui emplissent le cœur humain. Cette démarche combine l'action individuelle et collective pour créer les conditions spirituelles favorables à la paix mondiale.

La majorité des fidèles préservent leur foi face aux tentatives méthodiques des idéologies politiques et du mercantilisme, qui cherchent à prendre la place de la spiritualité religieuse. La ténacité de la foi résiste à la répression politique et prouve ainsi la puissance de la religion. L'énergie spirituelle est une force qu'il faut exploiter au service de la paix. Les responsables religieux et humanitaires du monde entier ont un rôle particulier à jouer à cet égard.

Reste une alternative – que nous ayons ou pas la capacité d'y parvenir : travailler pour la paix mondiale. Que la colère annihile l'amour et la compassion, le meilleur aspect de l'intelligence humaine, la sagesse ou la capacité de juger entre le bien et le mal, sera sacrifié. La plus grave menace à laquelle le monde actuel est confronté est, après l'égoïsme, la colère.

4. Tout individu doit intervenir auprès des institutions pour qu'elles répondent aux nécessités du monde.

La colère a un impact, par exemple, sur les conflits actuels en Asie et au Moyen-Orient, ou sur la confrontation entre les pays les plus industrialisés et les nations économiquement sous-développées, etc. Les affrontements résultent d'une absence de prise de conscience du fait que nous partageons un patrimoine spirituel. Les solutions ne se trouvent ni dans le développement ni dans l'action armée. Elles ne sont pas politiques ou technologiques à cent pour cent. Et personne ne doit être blâmé ou porter seul la responsabilité d'une situation symptomatique de négligences antérieures. Il faut mettre l'accent sur une approche spirituelle commune.

La haine et la lutte n'apportent le bonheur à personne, même pas aux vainqueurs d'une guerre. La violence mène à la misère. Elle est contre-productive. Les chefs de gouvernement du monde doivent apprendre à transcender la diversité des races, des cultures et des idéologies pour apprécier le sort commun de l'humanité. Ainsi, l'individu, les communautés, les nations et l'ensemble du monde s'en inspireront.

Les médias, Internet inclus, tiennent un rôle considérable. Ils couvrent des sujets à dimension humaine qui traduisent l'unité irrévocable de l'humanité. Je souhaite que les organisations internationales, en particulier l'Organisation des Nations unies (ONU), soient plus actives et pragmatiques dans leurs actions au service de l'humanité et dans la promotion internationale de la tolérance. Il serait tragique que les membres les plus influents se servent des instances internationales à des fins personnelles. L'ONU doit être le principal instrument international de maintien de la paix. Elle porte l'espoir des nations oppressées et, par conséquent, de la planète entière.

Dans chaque pays, l'individu a le droit au bonheur. Et les nations, qu'elles soient fortes ou faibles, doivent veiller au bien-être de la plus faible d'entre elles. Aucun système politique n'est meilleur qu'un autre. Au contraire, la diversité des idéologies et des systèmes politiques est souhaitable pour répondre à la disparité de la communauté humaine. Cette diversité renforce nos espoirs pour atteindre le bonheur. Cependant, une communauté nationale doit disposer du libre choix de son système politique et socio-économique sur la base du principe de l'autodétermination.

Puisque le lien de dépendance économique entre pays n'a jamais été fort, l'entente humaine doit dépasser les frontières pour embrasser l'ensemble de la communauté internationale. Nous assisterons à une recrudescence des problèmes si une atmosphère de coopération sincère n'est pas instaurée. La recherche de justes compromis remplacera le chantage de l'utilisation de la violence ou la menace de recourir à la force. Le fossé entre les riches et les pauvres est inacceptable. Il crée la plupart des dissensions. Si les peuples les plus pauvres n'ont pas accès au bonheur qu'ils désirent et méritent, leur insatisfaction pèsera négativement sur les pays riches. La paix est peu probable lorsque des mesures sociales, culturelles et politiques inadéquates sont imposées à des peuples malgré eux. La paix triomphera assurément si nous arrivons à apporter à tous, au niveau individuel, ce bien-être.

Je comprends l'importance de la tâche qui nous incombe. Et je ne vois pas d'autre issue que celle que je viens de proposer. Elle s'inspire de l'idée que nous appartenons à la grande famille des hommes. Les nations n'ont pas d'autres solutions. Elles doivent se préoccuper de la prospérité de leurs semblables. Non seulement les nations partagent des aspirations communes, mais, surtout, un intérêt mutuel nous lie dans la durée. Le bénéfice pour l'humanité ne sera pas immédiat mais à long terme.

Les résolutions des problèmes sociaux passés ont mené à l'établissement de systèmes plus justes et égalitaires. Des institutions fondées sur de grandes qualités morales ont combattu les courants antisociaux. Malheureusement, l'avidité et l'égoïsme ont ruiné de tels efforts. Nous sommes témoins que l'intérêt personnel occulte aujourd'hui l'éthique et les grands principes. Ce phénomène frappe particulièrement le monde politique. L'absence d'éthique en politique ne contribue pas au bien-être de la communauté. Une société sans moralité accule les hommes à la barbarie. Le mépris pour la politique augmente, alors que faire de la politique n'est pas méprisable. Les pratiques condamnables de la vie politique nous ont détournés de nos grands idéaux et de nos nobles aspirations.

Moralité, compassion, gentillesse et sagesse sont les clés de voûte de la civilisation. Une éducation morale méticuleuse dans un environnement social adéquat doit soutenir la transmission de ces valeurs aux enfants pour qu'un monde plus humain se bâtisse. Mais n'attendons pas la prochaine génération pour susciter ces changements, devenons les acteurs de ce renouveau des valeurs humaines élémentaires ! Les futures générations sont notre espoir, à condition que nous réformions dès à présent, en profondeur, nos systèmes éducatifs dans le monde entier.

Les mises en garde médiatiques sont insuffisantes pour s'opposer à la déliquescence morale. Les gouvernements n'assument plus la responsabilité de problèmes jugés comme « spirituels ». Les humanitaires et les responsables religieux doivent apporter leur concours aux organisations citoyennes, sociales, culturelles, éducatives et religieuses pour que renaissent l'humanisme et la spiritualité. N'hésitez pas à créer de nouvelles organisations, c'est nécessaire. L'aspiration à retrouver des conditions favorables pour établir la paix mondiale sera ranimée. Les germes de l'amour et de la compassion sont en nous. L'éducation et la clairvoyance alimentent leur croissance jusqu'à maturité. Pour évaluer les aspects positifs et négatifs du système éducatif actuel, poser de nouvelles directives ou proposer des réformes de fond, les spécialistes, éducateurs, travailleurs sociaux, neuroscientifiques, médecins et experts de nombreux domaines doivent se réunir. L'enfant grandit sainement si l'environnement est approprié. N'importe quel problème, y compris le terrorisme, trouve une réponse avec l'éducation. La sollicitude envers les autres doit être introduite dès les activités préscolaires.

Vivre en société, c'est partager la souffrance de nos concitoyens, être tolérant et éprouver de la compassion pour ceux que nous chérissons comme pour nos ennemis. Voilà le moyen pour évaluer notre force morale. Notre comportement doit être exemplaire. Et nous devons avoir le degré d'intégrité que nous exigeons des autres. Le but ultime est de servir les autres pour leur bien-être.

Avec ce livre, je désire apporter ma faible contribution à la paix mondiale. J'y explique les différentes notions du bouddhisme pour discerner l'origine mentale de nos propensions nocives à l'avidité ou la haine. Et je propose quelques pratiques bouddhistes pour les éliminer, en les remplaçant dans nos cœurs par la perspicacité (ou vue profonde) et l'amour.

Première partie

LE BESOIN DE PERSPICACITÉ

1

Préparer le terrain pour l'essor
de la perspicacité

« Au début de la pratique, sois ardent comme un cerf pris au piège dans un trou et qui cherche à se libérer.
Au milieu de la pratique, sois comme le fermier lors de la moisson, qui se fie à sa récolte.
À la fin de la pratique, sois comme le berger qui a ramené son troupeau à la bergerie. »

Patrül Rinpoché, *Parole sacrée.*

Quelle est l'origine du désordre dans le monde ? Nos émotions contre-productives. Dès qu'elles apparaissent, elles nous tourmentent en surface et au plus profond. Ces afflictions mentales ne mènent à rien, elles nous perturbent du début à la fin. Si nous essayons de nous opposer à elles, l'une après l'autre, la lutte est sans fin. Alors comment agir avec efficacité contre la cause fondamentale de ces afflictions mentales ?

De nombreux textes sacrés du Bouddha proposent des exercices méditatifs pour lutter contre la convoitise. Par exemple, *l'attention portée sur ce qu'il y a sous la peau* : la chair, les os, les organes, le sang, les excréments et l'urine. Cet exercice de réflexion supprime ponctuellement la convoitise. Mais il n'a aucun effet sur la haine. A contrario, d'autres exercices agissent sur la haine : cultiver l'amour par exemple. Ils n'auront aucune influence sur la convoitise. De même que les médicaments prescrits contre une maladie sont inefficaces pour une autre. Cependant, l'ensemble des émotions contre-productives, y compris la haine et la convoitise, résultent de l'ignorance de la véritable nature des choses. Les pratiques qui nous apprennent à surmonter cette ignorance atténuent la portée des afflictions mentales. L'antidote de l'ignorance a un impact sur tous les maux. C'est le merveilleux cadeau de la vue profonde (ou perspicacité).

L'étude approfondie des enseignements spirituels et la réflexion méditative réitérée constituent les éléments d'une préparation cruciale pour développer une vision perspicace de la réalité de l'existence des choses, des êtres et de nous-mêmes. Cette étape est essentielle. La rectification des idées erronées de l'existence est un prélude à l'étape où la clairvoyance de la réalité se révèle.

Reconnaître l'ignorance

Avant de développer la perspicacité, il faut d'abord reconnaître l'ignorance. L'ignorance dans ce contexte ne correspond pas à une absence de savoir. C'est une méprise avérée de la nature des choses, l'hypothèse erronée que les êtres et les choses existent comme tels, selon leur propre nature. Le concept est difficile à saisir. Mais il faut bien cerner cette conception erronée, source d'émotions perturbatrices comme la haine ou la convoitise. Le bouddhisme se réfère constamment à la vacuité. Saisir l'idée de vacuité est inconcevable si vous ne comprenez pas avant comment, par erreur, les êtres humains attribuent aux choses une existence intrinsèque. Vous devez accepter, même superficiellement, qu'attribuer une nature propre au phénomène est une erreur, pour comprendre qu'il n'y a là que vacuité. La quintessence de cet ouvrage touche à la perception de la juste réalité de l'existence débarrassée du voile de l'imagination qui vous trompe.

Les enseignements du Bouddha s'intéressent à la libération du cycle de l'existence – le cheminement sans fin d'une vie à l'autre – pour atteindre l'omniscience. L'ignorance est à l'origine des phénomènes, et entrave toutes les prises de conscience. Cet état d'ignorance nous condamne à la souffrance. Nous devons en définir clairement le caractère. Pour y parvenir, nous allons analyser la raison pour laquelle l'existence inhérente est mentalement perçue de manière erronée, comment l'esprit entérine cette méprise fondamentale à partir de laquelle il forge tant d'idées.

L'ignorance n'est pas seulement différente du savoir, elle s'y oppose. Les scientifiques affirment que l'observation infinitésimale de la matière révèle du vide. L'ignorance, qui attribue une apparence aux choses et aux êtres, donne le sentiment qu'ils sont solides. Cela est fallacieux. L'ignorance nous impose une sorte d'existence innée des phénomènes. Les choses qui nous environnent semblent être indépendantes, hors d'influence de facteurs externes. Il n'en est rien. En accordant un statut exagéré aux choses et aux êtres, un flux de perturbations mentales et d'émotions nuisibles nous emporte.

La prise de conscience que nous, les autres et les choses ne possèdent pas l'apparence concrète et autonome que nous leur accordons passe d'abord par le discernement de la nature erronée des choses et la reconnaissance de notre assentiment à cette illusion. Il faut découvrir la différence entre l'imprégnation mentale et la réalité de l'existence pour déclencher le processus de développement d'une vision perspicace de la réalité de soi. Par analogie, cela s'applique pour les autres personnes et la totalité des phénomènes mondains.

Le besoin de perspicacité

Réflexion méditative

Réfléchissez au fait que :

1. Toutes les émotions contre-productives sont liées et dépendent de l'ignorance de la vraie nature des êtres et des choses.

2. Supprimer la convoitise et la haine ponctuellement n'est pas impossible. Mais en éliminant l'ignorance qui nous trompe sur la nature de nous-mêmes, des autres et de toutes choses, les émotions perturbatrices sont annihilées.

3. L'ignorance fait percevoir les phénomènes – qui n'existent pas selon leur propre nature – comme extérieurs à la pensée.

2

Découvrir la source des problèmes

« Abusée par la lumière et la chaleur, la phalène se jette dans les flammes.

Stupéfait par les sons d'une guitare, le cerf se dresse inconscient face au chasseur.

Enivrée par le parfum de la fleur, l'abeille est prise au piège entre les pétales.

Alléché par l'appât, le poisson se rue sur l'hameçon.

Plongé dans un bain de boue, l'éléphant ne sait plus s'en extraire. »

Patrül Rinpoché, *Parole sacrée.*

Les sens exacerbent l'ignorance. Avec la vue, l'ouïe, l'odorat, le goût et le toucher, les objets semblent exister selon leur propre nature. Le mental transmet un statut exagéré des choses dès qu'il capte ces informations dénaturées. Les bouddhistes qualifient un tel mental « d'ignorant » parce qu'il admet des formes erronées au lieu de s'en défier. Le mental ignorant ne s'interroge pas sur les formes pour savoir si elles sont bien fondées. Il accepte tout simplement les choses telles qu'elles se manifestent.

De là, nous nous fixons sur l'apparence concrète des objets, en pensant : « Si ce n'est pas vrai, rien ne peut être vrai ! » Et c'est ainsi que se renforce la méprise. Par exemple, lorsque nous croisons un bel objet ou une personne attrayante pour la première fois. Nous jetons un regard sur l'objet pour l'identifier. À cet instant, l'esprit est à peu près neutre. Mais si une chose attire davantage notre attention, le mental est capté au point de se confondre avec l'objet. Quand le mental adhère de cette façon à l'objet – en pensant qu'il existe tel qu'il se manifeste –, nous commençons à convoiter l'objet, puis la haine surgit contre celui qui s'opposerait à son appropriation.

La relation avec l'objet atteint son paroxysme dès que le soi individuel s'en mêle : sur-le-champ, c'est « *mon* corps », « *ma* chose », « *mes* amis », « *ma* voiture ». Nous surestimons la beauté de l'objet, minimisant ses failles ou ses défauts. Nous le désirons car il est source de plaisir. En réalité, il nous mène ostensiblement par le bout du nez à la convoitise. L'objet peut, à l'inverse, nous apparaître laid ou répugnant. Nous exagérons un défaut infime au point de masquer ses qualités. L'objet se transforme alors en facteur qui contrarie notre plaisir, il nous mène cette fois à la haine. Un objet ni avenant ni rebutant, tout simplement ordinaire, nous maintient aussi dans l'ignorance. Son apparence ne génère, dans ce cas, ni désir ni haine. Le maître yogi indien Nagarjuna, dans les *Soixante stances philosophiques*, dit :

> Est-il possible que le violent venin des afflictions mentales
> Ne puisse pas agir sur les personnes dont les idées sont basées sur l'existence inhérente ?
> Que l'apparence de l'objet soit ordinaire, leur esprit demeure sous l'emprise du serpent des émotions destructrices.

Les plus grossières élaborations du « moi » et du « mien » suscitent les plus graves afflictions mentales, comme l'arrogance, la belligérance. Elles vous créent des ennuis, puis perturbent l'entourage et, au-delà, le pays entier. L'observation du mental est le seul moyen de déceler les idées erronées. Dans son traité sur la pensée bouddhiste, le philosophe et yogi indien Dharmakirti dit :

> Celui qui donne trop d'importance au soi
> Est convaincu de l'existence du « moi ».
> Cet assentiment provoque un attachement au plaisir
> Qui masque les inconvénients
> Et dévoile les avantages pour renforcer finalement l'attachement,
> Les objets devenus « miens » sont considérés comme des moyens pour atteindre le plaisir.
> Ainsi, aussi longtemps que l'attrait du soi persiste,
> Vous resterez dans le cycle de l'existence.

Le besoin de perspicacité

Il est nécessaire de reconnaître et de comprendre les différents processus de pensée. Certaines impressions stimulent la conscience par la simple présence de l'objet. Par exemple, lorsque nous jetons un regard sur une montre, nous ne ressentons pas la moindre émotion perturbatrice comme l'avidité. Des pensées surgissent afin de distinguer les qualités et les défauts de l'objet sans apporter d'afflictions mentales. Elles déterminent simplement ce qui est bon comme bon et ce qui est mal comme mal. Dès que la notion de l'existence intrinsèque des choses s'immisce, le principe de l'ignorance s'inscrit dans le mental. Avec l'affirmation de l'hypothèse erronée d'une existence inhérente, l'avidité et la haine apparaissent.

Le passage décisif de la simple prise de conscience à la perception erronée se situe au moment où l'ignorance grossit les qualités ou les défauts de l'objet. Il est alors perçu comme *intrinsèquement* bon ou mauvais, *intrinsèquement* attrayant ou repoussant, *intrinsèquement* beau ou laid. Par ignorance, la confusion entre apparence erronée et réalité ouvre le chemin à l'avidité, à la haine et à une multitude d'émotions perturbatrices. Ces afflictions mentales poussent, à leur tour, à des actes forgés par l'avidité et la haine. Ces actes constituent les propensions karmiques de notre mental qui commandent le processus du cycle de l'existence, vie après vie.

LES ORIGINES DU CYCLE DE L'EXISTENCE

Le « cycle de l'existence » que je viens de décrire est un processus qui montre comment l'ignorance nous mine et nous retient dans ce cercle de la souffrance, une vie après l'autre. Certaines prises de conscience, que nous considérons habituellement comme correctes, sont en réalité exagérées. Nous accordons aux êtres et aux choses un statut surestimé, suscitant l'apparition d'afflictions qui accablent ensuite les uns et les autres. L'ignorance condamne l'accès à la vérité, selon le postulat que les êtres et les autres phénomènes sont assujettis aux lois de la causalité et qu'ils n'ont pas d'existence proprement indépendante.

La révélation de ce processus vous aidera à développer progressivement une meilleure lucidité sur l'enchaînement des événements qui débute par le regard indifférent pour culminer avec les émotions et les actes contre-productifs. Les afflictions mentales relèvent de l'ignorance. Sans elle, les émotions contre-productives ne naissent pas. L'ignorance est leur matrice. C'est pourquoi le maître yogi indien Aryadeva, disciple de Nagarjuna, dit :

> Le corps entier est apte à ressentir,
> L'ignorance réside dans toutes les afflictions mentales.

Le besoin de perspicacité

Toutes les afflictions mentales sont surmontées
Puisque l'ignorance est vaincue.

Réflexion méditative

Réfléchissez au fait que :
1. L'attrait est-il intrinsèque à l'objet ?
2. L'attrait de l'objet cache-t-il ses défauts et ses inconvénients ?
3. Est-ce que l'attrait exagéré pour certains objets mène à l'avidité ?
4. Est-ce que l'aversion pour certains objets mène à la haine ?
5. Remarquez comment vous :
Regardez d'emblée un objet.
Notez ensuite s'il est beau ou laid.
Concluez que l'objet existe avec ses caractéristiques propres et indépendantes.
Puis décidez que ses bonnes ou mauvaises qualités lui sont inhérentes.
Et rejetez-le ou désirez-le en suivant votre opinion.

3

De la nécessité de saisir la Vérité

> « La plupart de nos projets se comparent à attendre près d'un ravin asséché pour y nager.
> La plupart de nos activités se comparent à gérer sa maison en rêve.
> Emporté par le délire de la fièvre, le malade ne reconnaît plus la fièvre. »

> Patrül Rinpoché, *Parole sacrée.*

Sans un regard perspicace sur la situation dans laquelle vous et les choses êtes plongés, il est impossible de discerner les obstacles pour les surmonter et se libérer du cycle de l'existence. Nous ne pouvons pas venir en aide aux autres, le plus essentiel des comportements. Sans vue profonde ou perspicacité, vous ne pouvez vous intéresser à la source des problèmes pour détruire les germes qu'elle pourrait nourrir dans le futur.

L'infirmation de l'idée erronée que les choses et les gens sont des entités autosuffisantes – sans relation avec la conscience – oblige à être attentif à son propre mental pour découvrir comment cette méprise se conçoit et comment les émotions destructrices résultent d'une telle ignorance. Si la convoitise, la haine, la jalousie et la colère dérivent de l'importance exagérée accordée aux qualités comme la beauté ou la laideur, il est crucial de saisir la réalité des êtres et les choses sans exagération.

Pour y parvenir, l'analyse mentale est la seule voie. Vous devez renoncer aux fausses idées qui voilent la réalité. Il n'y a pas de moyens extérieurs pour éliminer la convoitise ou la haine. Si une épine pénètre dans un doigt, une aiguille est utile pour l'en extraire. Pour vous débarrasser d'une attitude interne, vous devez déterminer distinctement les croyances erronées qui la motivent. Utiliser le raisonnement pour percevoir la véritable nature des phénomènes, et puis méditer sur ce qui a été compris. Telle est la voie qui conduit à la libération et à l'omniscience. Dharmakirti dit ainsi :

> Sans nier la réalité de l'objet qui provoque une affliction mentale,
> Elle ne peut pas être abandonnée.
> L'aliénation du désir, de la haine et cetera
> Qui sont connexes à l'attribution erronée d'avantages ou de désavantages,
> S'effectue en ne les percevant ni à l'intérieur des objets,
> Ni selon un point de vue externe.

Lorsque vous comprendrez que ces émotions problématiques – et, finalement, l'ensemble des problèmes – reposent sur une méprise, le désir de vous délivrer d'une telle ignorance va s'affirmer. La méthode pour y parvenir se construit sur le raisonnement qui démontrera que l'existence inhérente est totalement sans fondement. Vous pouvez ensuite vous concentrer en méditant sur la vacuité de l'existence inhérente. Le maître Candrakirti, disciple de Nagarjuna et Aryadeva, dit :

> Percevant mentalement que les afflictions perturbatrices et les ennuis
> Proviennent de la considération que chacun a une existence inhérente,
> Et sachant que le soi est touché par cela,
> Les yogis nient leur propre existence inhérente.

Aryadeva soutient cette idée en avançant que la réalisation de l'altruisme est la solution pour sortir du cycle de l'existence :

> Quand les objets sont vus avec altruisme
> Les germes du cycle de l'existence sont détruits.

Les racines de l'arbre coupées, les petites, les grosses branches et le feuillage meurent. Les problèmes du cycle de l'existence disparaissent aussi, après l'élimination de l'idée erronée dont ils émanent.

Les grands maîtres indiens Nagarjuna, Aryadeva, Candrakirti et Dharmakirti avaient compris que la vérité était impossible sans prendre conscience que nous jetons sur les choses et les êtres le voile d'un statut de substantialité et de durabilité qui n'existe pas. Il faut comprendre la vacuité de ce statut erroné. Et pour y arriver, ils analysèrent les phénomènes à l'aide des sutras et des commentaires, et de la méthode du raisonnement.

COMMENT DONNER UN SENS À LA MÉDITATION

Il est crucial de s'approprier la démarche méditative, car un exercice qui ne s'effectue pas dans les règles mènera à l'échec. Alors la méditation n'aura pas atteint son objectif, quelle que soit l'intensité de la concentration que vous pensez avoir atteinte. Vous aurez réussi à contrôler votre esprit en éliminant les objets qui le perturbent, mais vous n'aurez pas atteint le stade où la vérité se révèle. Vous devez vous persuader que les objets n'existent pas de la manière où l'ignorance semble les faire exister.

Si une personne est effrayée car elle a l'impression de voir un serpent lové derrière la porte, rien ne sert de désigner un arbre près de la maison. Vous devrez concrètement la convaincre qu'il n'y a aucun serpent. De la même manière, vous devez comprendre que ces objets avérés n'existent pas selon leur propre nature, comme vous l'imaginez. La conception erronée engendre des problèmes qui ne peuvent, dans ces conditions, être complètement surmontés. Le mental doit cesser de se disperser en réflexions multiples. Il doit se concentrer pour trouver la racine du problème.

Essayez de combiner l'idée que les objets existent réellement tels qu'ils sont, avec l'enchaînement logique de la causalité : c'est impossible. À partir de là, vous pourrez concevoir que les phénomènes n'existent pas selon leur propre nature. Les êtres et les choses apparaissent encore sous une forme indépendante et substantielle. Mais vous êtes convaincu que c'est faux. Progressivement, votre prise de conscience altère les perceptions erronées afin de diminuer les ennuis qu'elles engendrent. Puisque la vérité des apparences est le problème fondamental, le raisonnement sera le meilleur antidote pour provoquer une prise de conscience de l'aspect illusoire des apparences ou des formes.

Les trois perceptions de l'objet

Les objets sont perçus selon trois modes opératoires :
1. Concevoir un objet comme ayant une existence intrinsèque, ce qui est le fruit de l'ignorance.
2. Concevoir un objet comme n'ayant pas une existence intrinsèque, ce qui résulte de la perspicacité.
3. Concevoir un objet sans référence aucune à l'existence inhérente ou à l'absence d'existence inhérente, comme ce regard neutre que nous portons sur les choses, cette maison par exemple.

Un objet que vous ne voyez pas comme intrinsèquement existant, avec l'ignorance il le serait. Si vous ne le percevez pas nécessairement comme n'ayant pas d'existence intrinsèque, avec la vue profonde vous le verriez. Puisqu'il y a des pensées qui n'entrent ni dans l'une ni dans l'autre des catégories, elles se rattachent à une troisième. C'est pourquoi une définition claire de ces phénomènes pour lesquels vous commettez une méprise fondamentale est indispensable. L'ignorance ne peut pas s'inverser simplement en pensant à autre chose. Ce serait comme poursuivre une chasse au voleur en ville, alors qu'il se cache déjà dans une forêt profonde.

Quand l'ignorance est surmontée, vous avez déraciné les idées fallacieuses qui attribuent aux objets des qualités, comme la beauté ou la laideur, au-delà de leur réalité. Les autres afflictions mentales comme l'avidité, la haine, la jalousie, la belligérance, etc., et leurs origines sont maîtrisées. Les émotions perturbatrices ayant disparu, elles n'interfèrent plus dans vos actes (le karma). La naissance et la renaissance non maîtrisées dans le cycle de l'existence, qui résulte de l'accumulation des actes passés (l'autre aspect du karma), s'achève, et la libération est atteinte.

Méditez sur cet enchaînement logique, afin de posséder une lucidité qui rendra infaillible votre quête de la vérité. En comprenant parfaitement le cheminement effectué depuis l'entrée dans le cercle des souffrances jusqu'à sa sortie, vous mesurez mieux et êtes plus sensible à la nature réelle des êtres et des choses. Si vous n'arrivez pas à comprendre l'utilité de mettre fin à des comportements désastreux, le chemin de la libération ne s'ouvrira pas devant vous. En acceptant que les points de vue erronés sont réfutables, le vœu d'atteindre la libération est renforcé. Voilà pourquoi la perspicacité a autant d'importance.

Réflexion méditative

Réfléchissez au fait que :

1. L'ignorance pousse à exagérer l'importance de la beauté, de la laideur et de toutes les autres qualités.

2. La surestimation de ces qualités mène à l'avidité, la haine, la jalousie, la belligérance, etc.

3. Ces émotions destructrices conduisent à des actes contaminés par une perception erronée.

4. Ces actes (karma) président à la naissance et à la renaissance impuissantes dans le cycle de l'existence, et ils nous replongent dans l'imbroglio des ennuis.

5. Sortir de l'ignorance annihile notre penchant à exagérer les qualités positives ou négatives. Supprimant ainsi l'avidité, la haine, la jalousie, la belligérance, etc. Et met fin aux actes contaminés par une perception erronée. Les naissance et renaissance impuissantes dans le cycle de l'existence cessent.

6. La perspicacité est la solution pour s'en sortir.

Deuxième partie

LEÇON POUR SURMONTER L'IGNORANCE

4

Ressentir l'effet de l'interdépendance

> « Une ligne de six centimètres est petite par rapport à une autre de huit centimètres.
> Une ligne de huit centimètres est petite par rapport à une autre de dix centimètres. »
>
> Dicton tibétain.

Le point de vue erroné selon lequel les êtres et les choses sont autonomes est la cause d'idées et d'émotions contre-productives. Le moyen le plus efficace pour le surmonter est de méditer sur l'idée que les phénomènes sont dépendants les uns des autres. Nagarjuna, dans *La Recommandation de la Guirlande de Joyaux*, dit :

> Là où le long existe, le court existe forcément.
> Ils n'existent pas selon leur propre nature.

C'est cette relativité qui permet aux bouddhistes d'affirmer que les phénomènes ont des origines dépendantes (ou production conditionnée) plutôt qu'indépendantes.

Vous renoncerez à l'idée que les choses existent selon leur propre nature en réfléchissant à la production conditionnée. Nagarjuna dit :

> L'appréhension d'une existence inhérente pousse aux idées malsaines
> Hors de cette méprise, rien ne déclenche les afflictions mentales.
> Dès que la vacuité se révèle,
> Alors les idées malsaines et les afflictions mentales sont complètement épurées.

> Comment discerner la vacuité ?
> La vacuité est perçue grâce à la production conditionnée.
> Bouddha, sage suprême, disait en réalité
> Ce qui a des origines dépendantes ne peut pas être produit intrinsèquement.

Aryadeva, disciple de Nagarjuna, ajoutait que la compréhension de la production conditionnée était incontournable dans le combat contre l'ignorance :

> Les afflictions mentales seront vaincues
> En triomphant de l'ignorance
> La révélation de la production conditionnée
> Provoque la disparition de l'ignorance.

La production conditionnée se réfère à l'impermanence des phénomènes (qu'ils soient physiques, mentaux ou autres). À leur naissance, les phénomènes sont assujettis à certaines causes et conditions. Tout ce qui dépend des causes et conditions n'opère pas uniquement sous l'influence de son seul pouvoir.

Réflexion méditative

1. Arrêtez-vous sur un phénomène éphémère, une maison par exemple.
2. Considérez les causes et conditions particulières qui ont permis sa construction : le bois pour la charpente, les charpentiers, etc.
3. Observez si cette dépendance s'oppose à l'apparence de cette maison qui semble autonome.

LA PRODUCTION CONDITIONNÉE ET LE RÉALISME

La théorie de la production conditionnée peut s'appliquer n'importe où. En l'admettant, vous avez l'avantage de percevoir la situation selon une approche holistique. Qu'elle soit favorable ou défavorable, elle est reliée aux causes et conditions. Un événement ne dépend pas de lui-même. Il est relié à de multiples causes et conditions présentes ou passées. Autrement, il ne pourrait pas exister.

Sous cet angle, vous avez une vision d'ensemble. Vous découvrez la nature de la situation dans sa globalité : l'interdépendance. Les actes entrepris sont plus pragmatiques s'ils s'appuient sur l'idée de la corrélation. En politique internationale, un chef de gouvernement qui ne réfléchit pas ainsi peut, par exemple, désigner une personne comme l'unique responsable d'une situation donnée. C'est une conclusion simpliste, mais irréaliste. Le problème est plus complexe. La violence déclenche une prolifération de réactions. Sans approche globale, les solutions pour y remédier sont utopiques. Les motivations sincères ne suffisent pas. En l'absence de vision holistique, les décisions prises ne seront pas justes. La réponse ne se référera pas à l'interdépendance des causes et conditions dont elle découle.

De même en médecine, se concentrer sur une seule spécialité est insuffisant. Le corps doit être appréhendé dans sa totalité. L'approche médicale tibétaine est holistique, le diagnostic tient compte de l'interactivité des différents systèmes qui parcourent le corps humain. *Idem* pour l'économie. Courir après le seul profit encourage la corruption. Elle explose dans de nombreux pays. Nous devenons aveugles à l'exploitation humaine en considérant les actions commerciales comme banales. En Chine, le slogan « Que le chat soit noir ou blanc, le but est qu'il attrape les souris » a généré des bandes de chats noirs, dénués de moralité, et source d'une multitude de problèmes !

Ne pas réussir à avoir un regard global favorise le manque de réalisme. Considérer l'argent comme le seul moteur de la vie mène à des conséquences imprévisibles. Néanmoins, l'argent est indispensable. La méditation n'apporte pas d'élément nutritif au corps. Pendant une retraite religieuse, vous avez besoin de manger. De nombreux critères sont à considérer. L'appréhension de la globalité aide à la prise de décision et concrétise vos actes. Vous obtiendrez de meilleurs résultats.

L'inconvénient majeur des afflictions mentales est qu'elles occultent la réalité. Nagarjuna dit ainsi :

> À la cessation des afflictions mentales et des
> actes qui en découlent,
> la libération est atteinte.
> Les afflictions mentales proviennent de conceptions erronées.

Les conceptions erronées sont une exagération du mode de pensée. Elles ne reflètent pas la réalité. Même si un objet – un événement, une personne ou tout autre phénomène – se montre sous un jour légèrement favorable, la vision de l'objet est erronée : il apparaît comme autonome, vrai et réel. Le mental surestime ses qualités au-delà de la réalité, et engendre ainsi la convoitise. Ce cheminement mental peut aussi mener à la haine ou la colère. Dans ce cas, les défauts de l'objet sont exagérés. Il apparaît à cent pour cent négatif et provoque finalement une profonde perturbation mentale. Un psychothérapeute m'a récemment confié que, lorsque nous sommes en colère, quatre-vingt-dix pour cent de l'aversion que nous ressentons pour un objet vient de l'exagération. Ce qui est tout à fait conforme à la théorie bouddhiste sur la production des afflictions mentales.

La réalité s'efface avec l'éclosion de la haine ou de la convoitise. Le mental projette des défauts ou des qualités extrêmes et illusoires qui provoquent des actes

négatifs irréalistes. En étudiant précisément le fonctionnement de la production conditionnée, une image plus
globale se dessine : le système de l'interdépendance des
causes et conditions à l'origine des phénomènes, dans
lequel ils existent.

Avec cet éclairage, les inconvénients liés aux afflictions mentales sont incontestables. Pour voir la réalité
telle qu'elle est, vous devez volontairement en finir avec
l'assujettissement aux afflictions mentales. Dans tous les
domaines, elles excluent une réelle perception des faits.
Vue sous l'impulsion de la haine ou de la convoitise, la
réalité ne cesse de s'obscurcir.

L'amour et la compassion suscitent aussi des émotions fortes au point de vous faire pleurer d'empathie.
Cette sensibilité-là n'est jamais excessive. Elle montre
que vous avez bien compris les difficultés dans lesquelles se trouvent les êtres sensibles, ou que vous êtes
sincèrement inquiet de leur bien-être. Ces sentiments
témoignent de votre perspicacité en ce qui concerne la
souffrance des êtres dans le cercle des renaissances
appelé « cycle de l'existence ». Avec l'appréhension de
l'impermanence et de la vacuité (que nous aborderons
dans les chapitres 22 et 23), son intensité augmentera.
Bien que l'amour et la compassion puissent être sous
l'influence des afflictions mentales, l'amour véritable et
la compassion profonde sont désintéressés et ne sont pas
exagérés. Ils reposent sur la réalité des relations que
vous avez véritablement avec les autres. Le concept de
la production conditionnée est extrêmement utile, il vous
assure une vision d'ensemble.

LA DÉPENDANCE AUX COMPOSÉS

La production conditionnée s'appuie sur l'idée que les phénomènes impermanents ou permanents existent en fonction de leurs propres composés. Une marmite est composée de différents éléments : les éléments grossiers comme le couvercle, la poignée ou le système d'ouverture, ou encore certains plus subtils comme les molécules. Sans ces composés, la marmite ne serait pas. Cet aspect concret et autonome que nous lui attribuons n'existe pas.

Pensons à ces myriades de particules atomiques qui sont à la base des objets les plus grands qui nous entourent : sont-elles indivisibles ? C'est improbable. Sans champ spatial, une particule ne pourrait pas se combiner à d'autres particules pour former une entité plus importante. Les physiciens admettent que la plus petite des particules serait fissible en parties plus infimes si nous pouvions créer des outils assez sophistiqués pour permettre cette fission. En imaginant qu'ils découvrent une entité physique insécable, elle aura toujours un champ spatial, et, ainsi, des composés. Sinon, elle serait incapable de se combiner à d'autres entités pour former quelque chose de plus grand.

Se voir tel qu'on est

Réflexion méditative

1. Pensez à un phénomène impermanent, un livre par exemple.

2. Considérez les éléments qui le forment : ses pages et sa couverture.

3. Observez si la dépendance aux différents éléments qui le composent s'oppose à son apparente autonomie.

INTERROGER SA CONSCIENCE

La perception d'un vase bleu par la conscience n'occupe pas de champs spatiaux car il n'y a rien de physique. Le vase existe à travers une succession de moments qui forment un continuum temps. La perception du vase bleu dans la conscience se compose de moments précoces et tardifs. Ils forment les composés du jet de conscience. Leur durée n'a pas d'importance, si courte soit-elle.

Revenons sur le moment le plus bref dans un continuum temps. Sans début, milieu et fin, ce moment ne pourrait pas s'ajouter à un autre moment analogue pour former une continuité. Il pourrait bien sûr s'apparenter à cette partie précoce ou tardive du moment. Dans ce cas, le continuum n'existerait pas.

Leçon pour surmonter l'ignorance

Nagarjuna dit :

Si l'instant a une fin, il doit avoir
un début et un milieu.
Ainsi début, milieu et fin
doivent être considérés comme l'instant.

Réflexion méditative

1. Observez la conscience concentrée sur un vase bleu.

2. Réfléchissez à la dépendance des éléments qui le font exister : les différents moments qui forment son continuum temps.

3. Observez si la dépendance aux différents composés s'oppose à son apparence d'autonomie.

REGARDER L'ESPACE

Même l'espace est formé de composés. L'espace est par exemple associé à des directions particulières, l'espace de l'est et celui de l'ouest, ou encore à des objets particuliers.

Se voir tel qu'on est

Réflexion méditative

1. Pensez à l'espace en général.

2. Réfléchissez à la dépendance des composés qui le forment : le nord, le sud, l'est et l'ouest.

3. Observez si la dépendance aux différents composés s'oppose à son apparence d'autonomie.

Et encore :

1. Observez l'espace d'un bol.

2. Réfléchissez à la dépendance des composés qui le font exister : sa moitié supérieure et sa moitié inférieure.

3. Observez si la dépendance aux différents composés s'oppose à son apparence d'autonomie.

5

Comprendre le processus du raisonnement sur la production conditionnée

> « Puisqu'il n'y a pas de phénomène
> sans production conditionnée,
> Il n'y a pas de phénomène
> Qui ait une existence inhérente. »
>
> Nagarjuna, *Traité fondamental*
> *sur la Voie du Milieu appelée « Sagesse ».*

Comme nous venons de l'aborder au chapitre précédent, les phénomènes permanents ou impermanents sont composés. Les composés et le phénomène sont dépendants mais apparaissent comme ayant leur entité propre. Si le phénomène et les composés étaient tels qu'ils vous apparaissent, vous pourriez démontrer que le phénomène se distingue de ses composés. Mais vous ne le pouvez pas.

L'apparence du phénomène et celle de ses composés sont en conflit avec la réalité. Cela ne signifie pas que les phénomènes n'existent pas. S'ils n'existaient pas, vous ne pourriez pas dire d'une chose qu'elle est une partie de rien. En conclusion, il y a des entités qui existent en fonction de l'interaction de leurs composés : ils ne sont pas autonomes. Nagarjuna, dans le *Traité fondamental sur la Voie du Milieu appelée « Sagesse »*, dit :

> Ce qui apparaît par dépendance
> Ne forme pas une entité avec ce dont il dépend
> Et il n'est pas non plus intrinsèquement différent
> de lui.
> Par conséquent, il n'est pas illusoire et il n'a pas
> d'existence intrinsèque.

COMPRENDRE LE PROCESSUS DU RAISONNEMENT SUR LA PRODUCTION CONDITIONNÉE

Dépendance ou indépendance : il n'y a pas d'autre solution. Lorsqu'une chose existe, elle ne sera jamais autre chose. Dépendance et interdépendance forment une dichotomie. Si vous considérez qu'une chose ne peut pas être indépendante ou fonctionne en toute autonomie, la seule solution est qu'elle soit dépendante. En étant dépendante, elle ne peut pas agir selon sa propre nature. Poursuivons ce raisonnement :

> La table pour exister dépend de ses différentes parties. Nous appelons l'accumulation des éléments la base sur laquelle l'objet est instauré. Si

nous cherchons à détailler la table que le mental reflète sous une forme autonome, nous analysons ses éléments : les pieds, le plateau, etc. Aucun des composés n'est en lui-même une table. Ainsi, des parties, qui ne sont pas une table, forment une table grâce à la pensée. La table n'existe donc pas selon sa propre nature.

De ce point de vue, la table est un phénomène qui apparaît et existe par dépendance. Elle dépend de certaines causes, de ses composés et de la pensée. Ce sont les trois modalités de la production conditionnée. Ici, la pensée est primordiale car elle définit l'objet.

Exister selon la pensée conceptuelle est le sens le plus subtil de la production conditionnée. (Les physiciens ont récemment découvert que les phénomènes n'existent pas concrètement selon leur propre nature. Ils existent dans un contexte où ils sont en lien avec l'observateur.) Par exemple, le « moi » du Dalaï Lama doit être à l'endroit où est son corps. Il ne peut pas être ailleurs. C'est clair. Mais si vous n'êtes plus à cet endroit, le « moi » substantiel devient introuvable. Néanmoins, le Dalaï Lama est un homme, un moine, un Tibétain. Il parle, boit, mange et dort. C'est la preuve suffisante pour qu'il existe même si le trouver est impossible.

En finalité, rien n'incarne le « moi », mais cela n'implique pas que le « moi » n'existe pas. Comment le pourrait-il ? Cela serait idiot ! Le « moi » existe vraiment, mais sa nature est indécelable. Nous devons donc admettre qu'il se forme en interaction avec la pensée. Ce principe ne peut être posé autrement.

La vacuité n'est pas le néant

Il n'y a aucun doute sur l'existence des êtres et des choses. La seule question est de savoir comment, de quelle manière ils existent. En regardant une fleur, nous pensons : « Cette fleur est belle, sa couleur attrayante et son grain merveilleux. » Quelque chose de concret semble posséder ces caractéristiques de forme, de couleur et de texture. Lorsque nous examinons ces critères, nous avons l'impression qu'ils appartiennent ou composent *la fleur* : couleur de la fleur, forme de la fleur, tige de la fleur, pétales de la fleur, etc. Une fleur posséderait donc ces caractéristiques ou ces composés.

Si la fleur se confond avec son apparence, nous devrions pouvoir séparer distinctement une des caractéristiques ou un des composés qui la forment. Nous en sommes incapables. Bien que son apparence soit si substantielle, si présente, le raisonnement ou des méthodes scientifiques ne peuvent pas la définir. Pourtant la fleur produit des effets. Pour cette raison, elle existe. Mais si nous la recherchons telle que nous souhaitons la voir, la fleur est absolument insaisissable.

Quelque chose qui existerait selon sa propre nature devrait devenir, avec le raisonnement, de plus en plus tangible. Sa substantialité devrait s'affirmer. C'est le contraire. Néanmoins, cela ne signifie pas que l'objet est irréel car il motive des effets. L'impossibilité de le définir par le raisonnement révèle simplement le fait qu'il n'est pas conforme à l'apparence ou à la forme que nos sens et nos pensées lui donnent. Il apparaît si concret et si autonome.

Si l'analyse ne suffit pas à définir les objets, peut-on conclure qu'ils n'existent pas ? Alors, il n'y aurait pas d'êtres sensibles, ni bodhisattvas, ni Bouddhas, rien de pur et rien de souillé. Inutile de rechercher la libération ou de méditer sur la vacuité. Nous ne pouvons pas douter que les êtres et les choses s'entraident et se nuisent, que le plaisir et la douleur existent, que chacun peut se libérer de la souffrance pour acquérir le bonheur. Il serait absurde de nier la réalité des êtres et des choses alors qu'ils ont des incidences sur nous. L'idée que les êtres et les choses n'existent pas est un refus de la réalité. C'est absurde.

Le maître yogi indien Nagarjuna démontre que les phénomènes sont vides d'existence inhérente en s'aidant de la production conditionnée. En procédant à cette démonstration, il nous invite clairement à croire que l'absence d'existence inhérente des phénomènes n'est pas nihiliste. Il n'avance pas que les phénomènes sont vides car ils n'auraient aucun rôle à jouer. Il nous interpelle plutôt sur le fait qu'ils sont conditionnés aux causes et conditions.

Réflexion méditative

Réfléchissez au fait que :
1. Dépendant et indépendant forment une dichotomie. Chaque chose est soit l'un, soit l'autre.

2. Une chose dépendante ne peut pas être autonome.

3. Dans les parties du corps ou du mental qui forment la base du « moi », nous ne pouvons pas découvrir le « moi ». Finalement, le « moi » n'est pas autonome. Il dépend de l'influence d'autres conditions : ses causes, ses composés et la pensée.

6

Observer l'interdépendance du phénomène

> « En comprenant le principe de la production conditionnée
> Le sage n'adhère plus aux idées extrêmes. »
>
> Bouddha.

L'activité sensorielle renforce l'idée que les phénomènes ont *apparemment* une autonomie. Alors que c'est inexact. En exagérant la substantialité des phénomènes, nous nous enfonçons dans l'erreur. Nous préparons un terrain favorable à la manifestation d'afflictions mentales : les germes de notre propre perte. Il nous faut remédier à ces problèmes par un raisonnement profond sur la dépendance des phénomènes.

LES CONSÉQUENCES DE LA PRODUCTION CONDITIONNÉE

Les phénomènes avantageux ou nuisibles, causes et effets, ceci et cela, naissent en relation avec d'autres facteurs. Nagarjuna, dans *La Recommandation de la Guirlande de Joyaux*, dit :

> Quand ceci existe, cela apparaît
> Comme le court quand l'autre est long.
> Quand ceci apparaît, cela est produit
> Comme la lumière surgit de la flamme.

Dans ce contexte de dépendance, aide et nuisance apparaissent, les phénomènes impermanents œuvrent (ils ne sont plus seulement imaginaires), et le karma (les actes et leurs effets) est plausible. Vous existez, j'existe aussi. Nous ne sommes pas seulement des créations mentales. Comprendre cela évite ce que les bouddhistes appellent « le nihilisme extrême », qui pousse à la conclusion inexacte que le phénomène n'ayant pas de nature autonome n'existe pas. Nagarjuna dit :

> Ayant ainsi observé que les effets naissent
> Des causes, chacun admet que l'apparence
> Appartient aux conventions mondaines
> Et refuse le nihilisme.

Ces deux extrêmes – la notion exagérée de l'autonomie des phénomènes et le refus de la causalité – sont deux abîmes où le mental peut glisser. Ils ouvrent des perspectives dangereuses, soit une vision exagérée de la nature réelle de l'objet, soit un refus du bien-fondé de la loi de causalité. Dans le gouffre de l'exagération, nous nous gratifions d'une conception du moi qui dépasse la réalité : un tour de force impossible. Dans le gouffre de la négation absolue, nous perdons le sens des valeurs morales et nous tombons dans l'ignominie à travers des actes qui minent notre futur.

Pour trouver une harmonie entre la production conditionnée et la vacuité, nous devons distinguer la nature inhérente de l'existence ordinaire. Il nous faut aussi différencier l'absence d'existence inhérente d'une non-existence absolue. C'est pourquoi lorsque les grands sages bouddhistes indiens enseignaient le principe de la vacuité, ils n'utilisaient jamais l'argument selon lequel les phénomènes sont dénués de capacité fonctionnelle. Ils admettaient plutôt que les phénomènes sont vides d'existence intrinsèque car ils ont des origines interdépendantes. La connaissance de la vacuité fait ainsi abstraction des deux idées extrêmes. La vacuité annihile l'idée déraisonnable que les phénomènes ont une nature propre. Et le rejet de la réalité cesse avec la connaissance de la production conditionnée. Les phénomènes ne sont pas totalement irréels.

Candrakirti dit :

Le raisonnement sur la production conditionnée
Brise le rets des idées erronées.

La production conditionnée est le chemin qui passe à l'écart des deux abîmes aux idées erronées et des souffrances corollaires.

69

L'INDICIBLE VÉRITÉ

Dans un collège monastique de Lhassa, un novice avait eu quelques difficultés au cours de joutes oratoires. Il n'avait pas réussi à répondre correctement à un défi. Il affirma alors, sous le regard amusé de l'auditoire, qu'il connaissait les réponses mais qu'il avait du mal à les formuler avec des mots. Notre connaissance de la vacuité est peut-être imparfaite, contentons-nous de reprendre l'assertion contenue dans les sutras bouddhistes – la perfection de sagesse est indicible et insondable – et méditons ! L'assertion souligne que la prise de conscience de la vacuité, *expérimentée directement lors de la méditation non duelle*, ne peut pas s'exprimer par des mots. Il ne faut pas en conclure qu'il est impossible de réfléchir ou de méditer sur la vacuité.

Lorsque nous disons, examinons ou pensons à des termes comme *vacuité* ou *vérité ultime*, nous voyons un sujet séparé de l'objet : la conscience d'un côté et la vacuité de l'autre. Pourtant, lors d'une méditation intense, le sujet et l'objet ne font qu'un, la vacuité et la conscience qui perçoit la vacuité sont à l'image de l'eau que l'on verse dans l'eau, indistinctes.

LA RESSEMBLANCE AVEC LES ILLUSIONS

L'analyse ne permet pas de trouver l'explication à la transmigration des êtres d'une vie à une autre. Mais cela n'implique pas l'absence de renaissance. Même si la cause, l'acte et l'objet ne résistent pas à la réflexion logique sur leur indépendance, les actes sains et malsains marquent de leur empreinte le mental, et ces traces résiduelles viendront à maturation dans cette vie ou dans une autre.

Si nous utilisons l'analyse pour cerner la personne qui surgit dans un rêve pour la comparer à une autre que nous côtoyons dans la vie, ni pour l'une ni pour l'autre nous ne pourrons déceler la moindre entité indépendante. L'une et l'autre ne peuvent être définies à l'aide d'un tel raisonnement. Mais rien n'indique que la personne du rêve soit réelle ou que les gens n'existent pas. Cela irait à l'encontre des perceptions admises. Le fait que les êtres et les objets ne puissent être définis par l'analyse ne signifie pas qu'ils sont irréels mais prouve qu'ils n'ont pas de nature intrinsèque. Ils existent sous l'influence d'autres facteurs. En conclusion, être vide de nature propre revient à dépendre des autres.

Se voir tel qu'on est

Réflexion méditative

Réfléchissez au fait que :

1. La nature inhérente n'a jamais existé, n'existe pas et n'existera jamais.

2. Toutefois, nous imaginons son existence, ce qui motive des sentiments perturbateurs.

3. Croire que le phénomène existe intrinsèquement est extravagant, c'est un abîme effroyable.

4. Croire qu'un phénomène impermanent est improductif, ou œuvre au titre de la causalité, est une forme extrême de négation, un autre effroyable abîme.

5. La prise de conscience que les phénomènes n'ont pas de nature inhérente, car ils sont soumis à la production conditionnée, nous écarte des deux voies extrêmes. Comprendre que les phénomènes ont des origines interdépendantes nous soustrait au danger d'une négation absolue. Se rendre compte que les phénomènes sont vides d'existence inhérente nous protège contre l'extrême danger de l'exagération.

7

Mesurer la production
conditionnée et la vacuité

« Dépendre des actes et de leurs fruits
En ayant conscience de la vacuité des phénomènes
Est au-delà du merveilleux,
Au-delà du fantastique. »

Nagarjuna, *Essai sur l'Illumination de l'esprit.*

La méditation sur les origines interdépendantes d'un objet – sa dépendance aux causes et conditions, sa dépendance vis-à-vis de ses composés et de la pensée – aide énormément à dépasser la sensation qu'il a de sa propre nature. Néanmoins, si vous n'appréhendez pas correctement la vacuité du phénomène ou le raisonnement sur sa négation, vous pourriez conclure à l'irréalité complète de l'objet.

Cette expérience pourrait éveiller la sensation que le phénomène est fugace, une entité sans substance proche de l'inanité. Cette méprise résulte du manque de discernement entre l'absence d'existence inhérente et la non-existence. La confusion empêche une prise de conscience de l'interdépendance des phénomènes, indispensable pour comprendre que la vacuité implique la production conditionnée et que la production conditionnée implique la vacuité.

L'HYPOTHÈSE DE LA CAUSALITÉ

Il nous faut comprendre la production conditionnée des facteurs, actes et objets, comme la négation de leur nature intrinsèque, pour admettre que la loi de causalité existe. En effet, le raisonnement sur les origines interdépendantes d'un objet mène à la conclusion qu'il est vide d'existence inhérente. La dynamique de l'interdépendance, des causes et des effets par exemple, est tout à fait valable. La vacuité ne correspond pas à ce vide absolu qui nie la réalité des phénomènes, c'est une absence d'existence inhérente. Les phénomènes n'ont pas de nature propre, ils ne sont pas vides pour autant. Une table est vide d'existence intrinsèque, mais elle reste matériellement une table. Par conséquent, à cause de la vacuité, à cause de l'absence de nature intrinsèque, facteur, acte et objet sont crédibles.

Ainsi, le concept de vacuité implique une existence de l'objet, mais il ne correspond pas à l'image que nous en avons. La perception de la vacuité ne se limite pas à la simple affirmation de l'existence du phénomène, il faut aussi ressentir profondément la manière dont il existe. Vous devez comprendre au tréfonds de votre être que l'appréhension de la production conditionnée favorise le discernement de la vacuité, et que l'appréhension de la vacuité favorise la compréhension de l'interdépendance.

DÉDUIRE À PARTIR DE LA VACUITÉ LE PRINCIPE DE PRODUCTION CONDITIONNÉE

Je n'ai aucune difficulté à appréhender la vacuité par l'analyse de l'interdépendance des êtres et des choses. Il suffit de comprendre que les choses doivent être interdépendantes parce qu'elles sont vides d'existence inhérente. Voilà ma réflexion.

Dans un monde illusoire, les contradictions deviennent vraisemblables. Un jeune homme soudainement vieillit, ou un inculte se métamorphose progressivement en érudit. Dans un monde constitué d'entités intrinsèquement déterminées, un changement aussi radical est improbable. Si un arbre est feuillu et chargé de fruits en été, les frimas de l'hiver ne modifieront pas fondamentalement son apparence. Si sa beauté est intrinsèque, il ne s'enlaidit pas selon les circonstances.

L'illusion prend de multiples aspects, alors que la vérité a une seule essence. Nous qualifions d'inexactes les paroles indignes de foi. En fait, la nature illusoire des phénomènes permet le changement, allant du bon au

75

mauvais et du mauvais au bon, de la croissance au déclin. Les êtres et les choses sont sensibles aux événements et s'y adaptent parce qu'ils n'ont pas une vraie nature inhérente. La jeunesse se transforme en vieillesse car elle n'est pas de nature éternelle.

Les phénomènes étant illusoires, ils sont susceptibles de changer : certains territoires attirent une population puis se vident, des pays en paix déclarent la guerre, les nations se forment et se divisent. Bon et mauvais, progrès et décadence, cycle de l'existence et nirvana, telle et telle voie : le changement intervient de diverses façons. La métamorphose des êtres et des phénomènes prouve l'absence de ce statut individuel et personnel que nous sommes enclins à leur attribuer. Ils sont incapables de s'engendrer. Ils changent parce qu'ils sont insubstantiels.

En prouvant la vacuité de l'existence intrinsèque, la loi de causalité devient effective. Si les phénomènes étaient vraiment autonomes, ils ne dépendraient pas d'autres facteurs. La causalité est improbable sans dépendance. La causalité ouvre la possibilité, en abandonnant certaines causes telle la jalousie, de triompher d'effets défavorables comme la douleur ; les effets favorables, le bonheur par exemple, sont à votre portée si vous vous imposez d'autres objectifs comme vous réjouir du succès des autres.

LA PRISE DE CONSCIENCE DU SOUTIEN MUTUEL

Rappelez-vous qu'il est mieux de faire abstraction du principe de vacuité pour une brève période, s'il vous empêche de comprendre la causalité. La prise de conscience de la vacuité doit inclure la causalité des actes. Si vous pensez que le bien et le mal n'existent pas parce que les phénomènes sont vides, vous aurez des difficultés à comprendre l'importance de la vacuité. Vous devez réexaminer la notion de causalité.

Des objets spécifiques de méditation

Parfois, il est utile de vous centrer sur une personne que vous respectez profondément pour effectuer ce type d'analyse : votre maître révéré ou un chef spirituel. Dans ces moments où vous aimez particulièrement votre professeur, vous ne pouvez pas nier la causalité puisque l'emprise de cette personne ne se discute pas.

La vacuité est incontournable. Avec cette connaissance, vous pourrez vous libérer du cycle des afflictions mentales destructrices. Sans son appréhension, vous continuerez, prisonnier des émotions destructrices qui vous livrent à la renaissance, vie après vie, dans le cycle de la souffrance de l'existence. Néanmoins, si vous pensez que la vacuité de votre être relève de vous, ou que la vacuité d'une voiture dépend de la voiture, ce substrat qui place la vacuité au niveau d'une qualité devient presque plus important que la vacuité elle-même.

De cette manière, si vous accordez tantôt plus d'importance à l'apparence qui est vide d'existence intrinsèque, et si tantôt vous insistez sur la vacuité de l'existence inhérente, allant de l'un à l'autre jusqu'à ce que vous puissiez vous concentrer sur la vacuité, cela est d'une grande aide. Ce système de réflexion alternée est un moyen de consolider la prise de conscience de la production conditionnée et de la vacuité, en soulignant que la vacuité ne s'engendre pas, n'est pas détachée, et qu'elle est la véritable nature du phénomène. Dans le *Sutra du Cœur*, il est énoncé : « La forme est le vide, le vide est la forme. »

L'apparence innée sans existence intrinsèque est vacuité. La vacuité n'a pas de qualité supplémentaire. Ce n'est pas un chapeau posé sur une tête. La vacuité est innée, la nature suprême de la forme. Le sage tibétain Tsongkhapa cite un extrait du *Chapitre Kasyapa* du *Sutra de l'Amas de Joyaux* : « La vacuité ne rend pas les phénomènes vides, les phénomènes sont vides. » Lorsque j'étais au Ladakh il y a un an ou deux, j'ai découvert un passage similaire dans le *Sutra des vingt-cinq mille stances de la Perfection de sagesse* : « La vacuité ne rend pas la forme vide, la forme est vide. » Cette phrase a stimulé mon envie de méditer sur cette nature profonde. Je veux vous transmettre ce que j'ai compris. Soyez persévérant malgré la complexité.

Avant tout, il est incontestable que les choses ont une apparence autonome. La plupart des écoles bouddhistes l'acceptent. Si les objets comme les chaises, les tables et les corps n'avaient pas leurs propres caractéristiques, le postulat qu'ils existent ne pourrait être posé. La conscience visuelle qui appréhende une table, par exemple, corrobore objectivement son apparence. En définitive, il est exclu que son appréciation soit à la fois juste et erronée. Néanmoins, le raisonnement de l'École de la Voie médiane suivie par Candrakirti, appelée l'École des Conséquentialistes (*madhyamika prasangika*), aboutit à une abstraction complète de la réalité des phénomènes et de leur perception. Les phénomènes comme les tables, les chaises et les corps n'existent absolument pas selon leur propre nature. La conscience visuelle se trompe sur l'apparence des objets car elle leur attribue un caractère intrinsèque. Cependant, elle est juste, si elle les reconnaît en se référant à leur simple présence. La conscience est donc à la fois dans l'erreur et l'exactitude : elle est juste en reconnaissant l'aspect conventionnel de l'objet, mais inexacte en lui donnant un statut d'indépendance.

Candrakirti pose le principe que l'objet apparaît selon ses propres caractéristiques parce que le système de perception ordinaire est erroné. En fait, l'autonomie des choses n'existe pas. Ainsi, la forme est vide, mais ce n'est pas la vacuité qui la rend vide. Qu'est-ce qui est vide ? L'apparence elle-même. La table. Le corps. Les phénomènes sont donc vides de leur propre existence intrinsèque. Le mental ne fabrique pas la vacuité. Les

79

choses sont ainsi depuis le commencement. Apparence et vacuité forment une entité et ne peuvent se différencier l'une de l'autre.

Réflexion méditative

Réfléchissez au fait que :

1. Les êtres et les choses sont vides d'existence intrinsèque car ils sont interdépendants. Leur dépendance montre qu'ils ne peuvent pas s'engendrer.

2. Les êtres et les personnes sont interdépendants car ils sont vides d'existence intrinsèque. Si les phénomènes étaient autonomes, ils ne dépendraient d'aucun facteur, ni de causes, ni de leurs composés, ni de la pensée. Puisque les phénomènes ne sont pas capables de s'engendrer, ils se transforment.

3. Cette double prise de conscience est interactive, l'une complète l'autre.

Enrichir la pratique

L'appréhension du raisonnement sur la production conditionnée renforce l'analyse du « moi » et des choses. Ils sont différents et dépendent des conditions sur lesquelles ils ont été instaurés. C'est un encouragement à vous engager avec force dans la pratique de la générosité, la moralité, la patience et l'effort, dans le giron de l'amour et de la compassion. Votre perspicacité sera en retour renforcée. Tout ceci interagit.

Tous les humains peuvent atteindre la vérité ultime. Par conséquent, vous l'atteindrez au final par la pratique. Il faudra lire, écouter des enseignements et étudier, passer de longues périodes à réfléchir et à méditer. Vous êtes doté d'une conscience pour pouvoir acquérir la connaissance de la vacuité. Vos efforts seront couronnés de succès.

Troisième partie

EXPLOITER LE POUVOIR DE LA CONCENTRATION ET DE LA PERSPICACITÉ

8

Fixer son esprit

« Laissez les distractions s'évanouir à l'instar des
nuages
Qui s'effacent dans le ciel. »

Milarépa.

En général, l'analyse est précieuse pour la réflexion.
Vous devez maîtriser le mental, le soustraire aux interférences pour arriver à prendre une décision. Savoir analyser et savoir se concentrer sont deux méthodes
indispensables pour découvrir sa vraie nature. L'analyse
et la méditation sont nécessaires pour tout développement spirituel, quelle que soit votre situation de départ.
Ils permettent d'atteindre les niveaux de conscience sou-
haités qui vont de la volonté d'avoir un meilleur futur à
la conviction que la loi de causalité des actes (karma)
existe, pour trouver ainsi la volonté de s'affranchir du
cercle de la souffrance appelé cycle de l'existence, afin
de pratiquer l'amour et la compassion, jusqu'à la prise

de conscience de la vraie nature des êtres et des choses. Ces étapes mentales se franchissent grâce à une modification de point de vue qui s'opère sous l'effet de l'analyse et de la concentration. Les pratiques méditatives se répartissent en deux catégories, la méditation analytique et l'absorption méditative qui englobe elle-même deux techniques de concentration, la vue profonde (ou perspicacité) et le calme mental.

Si l'esprit se disperse, il s'affaiblit. Les distractions anarchiques ouvrent le champ aux émotions contre-productives et aux divers ennuis qui en résultent. La perspicacité ne permet pas d'accéder à la vraie nature des phénomènes dans leur globalité, sans un état de concentration stable et lucide. Vous ne pouvez pas apprécier un tableau dans la nuit profonde sans la clarté d'une lampe. Et si vous tremblez, le flux de luminosité ne suffira pas pour pouvoir l'admirer en détail. La stabilité du halo lumineux ne palliera pas non plus à un manque de puissance. Vous ne distinguerez rien. La lucidité et la stabilité, perspicacité et concentration ferme, sont nécessaires. À l'image de la flamme de la lampe à huile protégée de la brise. Bouddha dit : « Lorsque le mental a atteint l'égalisation méditative, vous percevez la réalité exactement telle qu'elle est. »

Nous possédons un mental pour accomplir cela. Nous devons cultiver nos capacités pour le fortifier. Un marchand s'engage dans le commerce en vendant peu à peu. Son but est d'amasser une pile d'argent. Les facultés conceptuelles de l'esprit doivent être réunies et concentrées vers un but pour permettre la prise de conscience de la vérité absolue. Dans la vie ordinaire, nous sommes distraits, comme cette eau qui s'épanche de tous les côtés. La force mentale innée qui se disperse à tous vents fait obstruction à l'appréhension lucide de la connaissance. Un mental distrait est incapable de saisir un événement qui surgit. Les pensées tourbillonnent et le mental papillonne de l'une à l'autre, instable et erratique. Incapable de la moindre concentration, négligent au point de gâcher notre vie. Le maître yogi indien Santideva dit ainsi :

> Une personne à l'esprit distrait
> Pendille aux crocs venimeux des afflictions mentales.

SE CONCENTRER

La distraction est l'état habituel du mental. Pour parvenir à la connaissance, nous devons rassembler nos capacités et nous concentrer sur l'objectif que nous voulons comprendre, comme nous le faisons en écoutant d'importantes consignes. Les pratiques de la compassion, de l'amour, de l'intention altruiste d'atteindre l'éveil, ou de la vue pénétrante sur notre nature et la réalité des autres phénomènes sont sublimées lors d'une telle concentration. Vous progressez plus rapidement et plus profondément.

Le bouddhisme propose un grand nombre de techniques pour cultiver la forme de concentration appelée le *calme mental*. Cet état de concentration intense tire son nom du fait que les perturbations ont cessé. Le mental est concentré sur un support intérieur d'une clarté inouïe et totalement stable. Il est paisible, imperturbablement *calme*, joyeux et maîtrisé. À ce stade de développement mental, la concentration s'effectue sans effort.

DOMINER LA PARESSE

La paresse s'immisce sous différentes formes. Elle est faite de tergiversations qui repoussent la pratique méditative à un autre moment. Parfois elle s'exprime dans le choix d'activités moralement neutres qui vous détournent de la méditation, faire de la couture ou déterminer sur une carte routière le trajet pour se rendre à tel endroit par exemple. Cette expression de la paresse est pernicieuse, car ces pensées ou ces activités n'entrent pas dans la catégorie des situations à problèmes.

À d'autres moments, la paresse se manifeste par un détournement de la pensée vers des activités non vertueuses, la convoitise d'un objet ou l'échafaudage d'une vengeance. La paresse peut aussi s'apparenter au doute qui interdit la méditation, le sentiment d'infériorité ou le découragement : « Comment, moi, pourrais-je jamais y arriver ! » Dans ce cas, vous refusez de reconnaître le potentiel immense du mental et son aptitude à s'améliorer grâce à la pratique.

Ces expressions de la paresse conduisent au découragement. Comment les maîtriser ? Regarder les avantages de la maîtrise de la souplesse mentale et physique stimulera notre envie de méditer et neutralisera notre paresse. Vous êtes dans une joie contemplative, la félicité mentale. Votre corps est souple. Vous décidez du temps consacré à l'exercice méditatif. À ce stade, le mental est éprouvé et il pourra se dédier à des activités vertueuses. Les dysfonctionnements du corps et de l'esprit auront alors disparu.

CONSEILS POUR MÉDITER

Pour les débutants, l'atmosphère ambiante a une grande influence sur la pratique de la méditation. Les capacités mentales internes ne sont pas assez développées. Par conséquent, pour méditer, vous devez trouver un endroit paisible où l'agitation humaine est limitée. En modérant l'influence du monde extérieur, la maîtrise des exercices méditatifs est plus aisée. Lorsque vous aurez acquis une plus grande expérience intérieure, le monde extérieur ne vous affectera plus autant.

Au premier stade de la culture du calme mental, la pratique s'effectue dans un endroit sain, protégé des activités mondaines et sans contact avec des personnes avides ou malveillantes. Vous avez assouvi avec modération vos besoins en nourriture, vêtements ou autre, pour atteindre une forme de plénitude. Vos activités sont restreintes, vous vous tenez hors du monde et de l'agitation. Oubliez vos préoccupations. La plénitude morale est essentielle pour créer un environnement favorable à la relaxation, la paix et la conscience. Ces préliminaires vont apaiser le flot des distractions habituelles.

Quand je suis devenu moine, ma prise de vœux m'a contraint à réduire mes activités sociales pour concentrer mes efforts sur le développement spirituel. Ce renoncement m'a rendu plus attentif à mon comportement, je surveillais mes pensées pour m'assurer que je ne m'écartais pas de mes vœux. En fait, les moments où je n'étais pas dans l'effort de la pratique, je restais constamment focalisé vers un seul but : la méditation intérieure. Je protégeais ainsi mon esprit du désordre.

Les vœux de moralité sont souvent considérés comme un emprisonnement ou une punition. Cela est faux. Tout comme nous nous imposons un régime alimentaire pour améliorer notre santé, et non comme une punition, les règles posées par Bouddha sont destinées au contrôle des comportements contre-productifs pour triompher des afflictions mentales car elles sont destructrices. Pour notre sauvegarde, nous réfrénons les motifs et les actes qui pourraient engendrer la souffrance. Il y a quelques années, j'ai eu une infection gastrique. Je m'interdis depuis les aliments trop acides et les boissons froides que j'apprécie pourtant. Maintenir un tel régime protège ma santé, je n'y vois pas une punition.

Bouddha a proposé des modes de conduite pour améliorer le bien-être, non pour rendre la vie plus difficile. Le mental devient plus perméable au progrès spirituel avec ces règles.

LA POSTURE

La position du corps est un gage de réussite pour l'exercice de méditation. En redressant son corps, les flux énergétiques circulent mieux dans les canaux et créent un équilibre qui apporte au mental une harmonie qui améliore sa disponibilité fonctionnelle. La méditation peut éventuellement s'effectuer allongé. Mais la position assise, les jambes croisées, en respectant les sept recommandations ci-dessous, est plus efficace :

1. Asseyez-vous sur le rebord d'un coussin ferme, les jambes croisées, le pied droit doit reposer sur la cuisse gauche et inversement.

2. Le calme mental s'obtient en se concentrant sur la visualisation d'un support mental. N'utilisez pas d'objet concret. Les yeux ne sont ni grands ouverts ni hermétiquement clos. Laissez les paupières à demi ouvertes. Fixez sans intensité le bout de votre nez. Si vous ressentez une gêne, portez le regard au sol juste devant vous. Laissez les paupières légèrement ouvertes. Les stimuli

visuels ne doivent pas entraver le calme de l'esprit. Avec l'expérience, vos yeux se fermeront naturellement.

3. Redressez votre colonne vertébrale comme le fil d'un arc ou une pile de pièces d'or, sans creuser le dos ou se pencher vers l'avant.

4. Gardez les coudes et les mains à dix centimètres au-dessus du nombril. Placez le dos de la main droite sur la paume de la main gauche tournée vers le haut. Les pouces se touchent pour former un triangle.

5. Gardez la tête haute et droite. Le nez se trouve dans l'alignement du nombril. Puis cambrez lentement le cou comme un paon.

6. Le bout de votre langue touche le palais à la base des dents pour éviter une production abondante de salive qui survient parfois lors des longues méditations. Évitez aussi de respirer à fond afin de ne pas assécher la bouche et le gosier.

7. Respirez et expirez tranquillement, sans forcer et avec régularité.

EXERCICE SUR LA RESPIRATION

En début de séance, dissipez les courants énergétiques contre-productifs, appelés « airs » ou « vents », qui circulent dans le corps. Ces séries de neuf inspirations et expirations agissent en purifiant des élans de haine et d'avidité ressentis avant la séance. Cet exercice est un véritable nettoyage interne.

Commencez par inspirer profondément par la narine gauche en bloquant la droite avec le pouce droit. Puis relâchez la pression sur la narine droite et pressez sur la narine gauche avec le majeur de la main droite, et expirez par la droite. Répétez à trois reprises. Continuez l'exercice, en portant le majeur de la main gauche sur la narine droite pour inspirer profondément par la gauche. Puis, libérez la pression sur la narine droite, avec le pouce gauche, bloquez la narine gauche et expirez par la droite. Recommencez trois fois. Pour finir, reposez la paume de la main gauche sur votre genou gauche, comme je l'ai indiqué précédemment, et inspirez profondément par les deux narines, puis expirez. Recommencez trois fois. Vous venez d'effectuer neuf souffles respiratoires. Lors des inspirations et des expirations, concentrez-vous sur les mouvements respiratoires : « inspiration » et « expiration ». Ou comptez en inspirant de un à dix, puis en expirant de dix à un. Restez attentif à votre souffle. L'esprit s'éclaircit et s'étend, subitement libéré d'éventuels sentiments de haine ou d'avidité. Le mental est alerte.

À cet instant, le désir altruiste d'aider ses semblables s'est renforcé. Avant cet exercice, choisir un tel comportement vertueux était inenvisageable sous l'influence de la haine ou de l'avidité. Rien ne vous en empêche maintenant. La pratique du souffle ressemble à la préparation d'un tissu avant la teinture. Il est plus facile d'appliquer la couleur après l'avoir lavé.

Fixez le mental sur les mouvements respiratoires qui continuent de s'opérer. N'imaginez rien d'autre, car certaines pensées pourraient vous en détourner. La pratique du souffle prépare le mental à aborder la phase suivante.

LE SUPPORT

Préoccupons-nous maintenant des supports sur lesquels vous pouvez focaliser votre attention pendant la pratique du calme mental. Les émotions destructrices persistent dans le tréfonds mental et leurs effets peuvent facilement interrompre le moindre effort de concentration. Si vous avez une connaissance infrangible de la vacuité de l'existence inhérente, l'image de la vacuité sera un excellent support d'unification du mental. Les difficultés sont néanmoins pléthoriques pour envisager ce choix. En général, il est plus utile d'opter pour un support qui réveille l'émotion destructrice qui vous afflige le plus : l'avidité, la haine, la confusion, la fierté ou les pensées extrêmes. Les points focaux d'absorption méditative, antidotes des penchants contre-productifs, sont désignés sous le terme « d'objets de purification du comportement ».

Si l'émotion destructrice qui vous afflige le plus est l'avidité, au moindre objet ou personne qui vous attire le désir va resurgir. Dans ce cas, vous devez diriger la méditation sur chacune des parties du corps, du sommet du crâne à la plante des pieds : la peau, la chair, le sang, les os, la moelle épinière, l'urine, les déjections, etc. Le corps humain en apparence est beau. En le détaillant, morceau par morceau, dans le cas de cet exercice, il ne séduit plus. Un globe oculaire isolé est effrayant. Détaillez chaque élément, des cheveux aux ongles des pieds et des mains.

Lors d'une visite en Thaïlande, à la porte d'un monastère, j'ai vu des fresques qui représentent l'évolution d'un corps, jour après jour, sur une longue période. L'altération du corps y est représentée dans des scènes criantes de réalisme. Notre corps a une belle apparence. Il est tonique, solide. La peau et les chairs sont souples au toucher. Mais en contemplant chacun de ses éléments, voués à la décomposition, sa nature profonde se révèle différente.

Si vous avez une prédisposition à la haine ou la frustration, conséquence de vos attitudes au cours de vies antérieures, vous êtes en proie à la colère et vous sortez facilement de vos gonds. Vous devez cultiver l'amour en souhaitant apporter le bonheur et ses causes à ceux qui en sont privés.

Si l'émotion destructrice qui vous afflige le plus est la confusion ou la paresse, résultat de la certitude que les phénomènes naissent sans cause ni condition et qu'ils sont autonomes, vous devez méditer sur la production conditionnée des phénomènes, leur relation aux causes. Contemplez aussi avec attention le processus de renaissance dans le cycle de l'existence qui commence dans l'ignorance et se termine avec la vieillesse et la mort. Une de ces solutions ébranlera le désordre mental né d'opinions erronées et de l'ignorance, et exaltera l'intelligence.

Si l'émotion destructrice qui vous afflige le plus est la fierté, héritée de vies passées, il vous faut méditer sur les catégories de phénomènes de l'entité corps-esprit. Portez votre attention sur les multiples facteurs qui empêchent de ressentir un soi individuel. Analysez cela en détail, vous réaliserez alors l'ampleur de votre ignorance, dénaturant ce sens immodéré du « soi ». Les scientifiques, notamment les physiciens, ont élaboré un classement des phénomènes. Ils dénombrent six types de quarks (bas / haut ; étrange / charme ; beauté / vérité) et quatre forces (force électromagnétique, force gravitationnelle, interaction forte, interaction faible). Alors si vous pensez tout savoir, en apprenant cela votre certitude est réduite à néant. Vous devez admettre : « Je ne sais rien. »

Si l'émotion destructrice qui vous afflige le plus est le déferlement des pensées, vous flirtez d'une pensée à une autre, de ceci à cela. Concentrez-vous sur les mouvements respiratoires comme je l'ai proposé ci-dessus. Avec un mental maîtrisé par le rythme du souffle, le flux apparent des pensées se régule et l'errance conceptuelle diminue immédiatement.

Si vous n'avez aucune émotion destructrice majeure, choisissez librement parmi les différents supports cités.

Le support particulier

L'image du Bouddha ou d'un personnage religieux est un support de visualisation supérieure, quel que soit son type. En focalisant l'esprit sur ces supports, le mental s'imprègne de leurs vertus. En se remémorant cette image, encore et encore, vous la visualisez distinctement. Elle s'imprime dans la mémoire la journée entière, comme si Bouddha était présent. Cette compagnie merveilleuse sera d'un grand secours en cas de maladie ou de souffrance. La mort venue, un Bouddha restera présent dans le mental. À la fin de cette vie, une grande piété envahira la conscience. Cela serait salutaire, n'est-ce pas ?

Au cours de la méditation, imaginez un vrai Bouddha, ne pensez pas à une peinture ou une statue. Regardez des images, écoutez des descriptions pour mieux connaître les caractéristiques d'un Bouddha. Son image se forgera dans votre esprit. La conscience mentale des débutants est aisément distraite par maints objets ici et là. L'expérience vous a appris que la dispersion de la pensée diminue si l'on fixe un seul objet, une fleur par exemple. Si vous vous concentrez sur une image de Bouddha, la distraction mentale s'atténue aussi. Et progressivement vous pouvez installer l'image dans votre esprit.

Imaginez un support de type religieux d'une taille de dix centimètres placé à hauteur des sourcils, à un mètre et demi ou deux mètres devant vous. Plus le support est petit, mieux le mental arrivera à se concentrer. Il apparaît clair et brillant, intensément lumineux. Son éclat préserve la perception mentale de la dispersion. Son intensité s'oppose à la propension mentale de s'attarder sur d'autres objets.

Le support est alors défini selon sa nature et sa taille pour la période de la pratique du calme mental. Parfois la taille, la couleur, la forme, la position ou le nombre changent. Toutefois, le support reste le même, revenez mentalement à l'original.

Si vous vous efforcez de rendre le support trop lumineux et trop précis, vous serez gêné. Car il faudra constamment réajuster l'éclat, empêchant le renforcement de la stabilité mentale. La modération est une qualité indispensable. Dès que le support apparaît, fût-il flou, accrochez-vous. Plus tard, lorsque le support persiste de lui-même, vous pourrez agir sur sa luminosité et sa clarté sans craindre de perdre l'image originale.

Réflexion méditative

1. Regardez avec précision l'image d'un Bouddha, d'une personnalité religieuse ou de n'importe quel symbole sacré, faites attention à sa forme, sa couleur et aux détails.

2. Travaillez pour que l'image s'installe à l'intérieur de votre conscience, imaginez sa taille de dix centimètres (plus c'est petit mieux c'est !). Placez-la au niveau de vos sourcils, de un mètre et demi à deux mètres devant vous, lumineuse et radieuse.

3. Assimilez l'image à la réalité, dotée des plus exceptionnelles qualités du corps, de la parole et du mental.

9

Harmoniser le mental pour la méditation

« Un moine, nommé Shrona, essayait en vain d'entrer en méditation. Son esprit était soit trop concentré, soit trop relâché. Il demanda conseil à Bouddha. Bouddha l'interrogea : "Quand tu étais chef de famille, jouais-tu de la guitare à la perfection ?
— Oui, c'est exact !
— Est-ce que tu jouais juste en pinçant les cordes avec fermeté ou de manière relâchée ?
— Non, jamais. Je les pinçais avec modération.
— Il n'y a pas de différence. Pour méditer, tu dois modérer le mental pour qu'il ne soit ni relâché ni tendu." »

Patrül Rinpoché, *Parole sacrée.*

Vous désirez obtenir un esprit méditatif pour qu'il soit perspicace et que votre conscience soit lumineuse et alerte. Vous recherchez aussi la stabilité mentale qui permet la concentration unifiante sur un support. Ce sont les deux qualités de l'esprit dont nous avons besoin : la *perspicacité intérieure* et une *stabilité inébranlable*.

Quels sont les obstacles ? Le relâchement ou la paresse – un laisser-aller mental – interdit l'apparition de la perspicacité, et l'excitation – un esprit ferme – empêche le maintien de la concentration sur un support.

Relâchement

Il y a différentes formes de relâchement : grossières, subtiles ou très subtiles. Pour la forme grossière, le support est imperceptible, et le mental engourdi et alourdi. Avec le relâchement subtil, le support est perçu, mais le mental manque d'acuité. Pour la forme très subtile, l'intensité est légèrement défaillante, le mental est légèrement relâché.

Le relâchement survient au moment où le mental échappe au processus de concentration. Il ne s'agit pas ici de léthargie qui dérive de la paresse d'un esprit et d'un corps pesants et hors d'état de fonctionner. Cela peut même se produire avec l'utilisation d'un support concret et externe. Avec la paresse, le corps s'ankylose. L'esprit s'engourdit et s'obscurcit. Des ronflements, n'est-ce pas ? Je plaisante.

EXCITATION

L'excitation correspond à un état d'esprit agité. Elle provient en général de l'attrait pour un objet solide extérieur qui pousse à l'avidité. Elle relève parfois d'une perturbation mentale si le nouveau support est une vertu comme la charité, ou un vice comme l'avidité, ou neutre comme la couture. Il existe des formes grossières et subtiles d'excitation. Pour la forme grossière, c'est l'oubli du support mental qui provoque l'errance d'une pensée à l'autre. Lors de l'excitation subtile, le support demeure présent à l'esprit, mais un flux de pensée le traverse, comme l'eau dévalant sur la glace qui enserre le lit d'une rivière.

Entre deux séances de méditation, il faut apaiser les sens. Soyez modéré avec la nourriture et restez en prise consciente avec le corps et le mental. Sinon, vous deviendrez l'objet de relâchement et d'excitation. Trop de sommeil mène indubitablement au relâchement, tandis que l'entretien de l'illusion des plaisirs de la vie mène à l'excitation.

LA DURÉE DES SÉANCES DE MÉDITATION

Le relâchement et l'excitation peuvent inhiber la concentration s'ils ne sont pas maîtrisés. Ne vous entêtez pas à faire de longues séances de méditation, faites-en des courtes en plus grand nombre. Avec le succès, les problèmes vont diminuer et les séances pourront être prolongées.

Si le relâchement perdure, installez-vous en hauteur et méditez à l'aube. Au réveil, les sens ne sont pas encore totalement en activité, mais la pensée opère avec force. Puisque les sens corporels ne sont pas encore éveillés, vous n'êtes pas distrait. En me référant à mon expérience, je trouve mon esprit plus perspicace et plus sagace au lever du jour.

LA PLEINE CONSCIENCE ET L'INTROSPECTION

La pleine conscience est une technique utilisée pour fixer en permanence l'attention sur le support de la méditation. Les débutants ont peu d'aptitude pour réaliser cette pratique qui implique d'apprendre à recentrer constamment le mental sur le support.

Vérifiez fréquemment que l'attention est fixée sur le support. En réitérant cela, encore et encore, dès que le mental est distrait par autre chose, vous êtes averti. En repérant éventuellement l'instant où il cesse de fixer l'objet, vous arriverez à rétablir cette concentration. Cette aptitude est désignée sous le terme de la « pleine conscience ».

La technique pour constater si le relâchement et l'excitation empêchent le mental d'être perspicace et stable est appelée « l'introspection ». Cette introspection fréquente pour vérifier si l'objet est clair et stable ne s'effectue pas en mobilisant toute la puissance de l'esprit, elle se réalise par petites touches. Ainsi, elle n'interfère pas sur la focalisation mentale.

La pleine conscience, puissante et effective, s'obtient par le contrôle de la concentration du mental sur l'objet. La fonction particulière de l'introspection, à ce moment précis, est d'observer le mental pour vérifier si relâchement et excitation interfèrent et ne se limitent pas à s'assurer s'il est centré sur l'objet ou non. Le maître yogi indien Bhavaviveka dit :

> L'éléphant indompté de l'esprit se promène au hasard.
> Retenu solidement par le licol de la pleine conscience
> Au pilier d'un objet de méditation,
> Il est progressivement maîtrisé par le crochet de la sagesse.

L'expérience nous apprend à déterminer si l'excitation ou le relâchement influence la pratique méditative et nous aide à employer la meilleure solution pour y remédier. Nous reviendrons sur ce sujet avec les deux prochains paragraphes. Avec les progrès dans la maîtrise de l'introspection, vous décèlerez intérieurement le niveau adéquat de l'attention du mental et vous pourrez l'ajuster comme on tend les cordes d'une guitare afin qu'elle ait le meilleur timbre sonore, sans trop d'aigus ni de graves. L'expérience vous permettra de prévenir en amont le relâchement ou l'excitation en recourant aux techniques adéquates, par l'accentuation ou le relâchement de la concentration du mental dans son appréhension du support.

Réflexion méditative

1. Centrer le mental sur le support de méditation.
2. User de l'introspection de temps en temps, afin de vérifier si le mental reste focalisé sur le support.
3. S'il s'en est détourné, remémorez-vous le support et recentrez le mental aussi souvent qu'il le faut.

De cette manière, vous progressez dans l'utilisation des techniques de pleine conscience et d'introspection.

APPLIQUER DES ANTIDOTES

Lorsque l'introspection signale un relâchement ou de l'excitation, vous ressentez la nécessité de réagir. Vous devez immédiatement appliquer des antidotes pour remédier à la situation car le simple constat ne suffit pas. Rappelez-vous que l'usage incorrect de remèdes déclenche d'autres problèmes. Vous devez donc vous assurer de leur bonne mise en œuvre. Ne faites pas l'erreur de nier la portée de ces problèmes ou de croire que vous êtes incapable de vous y opposer.

ANTIDOTES AU RELÂCHEMENT

Le relâchement est la conséquence d'un désengagement intérieur, le mental se détend trop, manque d'intensité et l'attention faiblit. L'engourdissement de l'esprit et du corps peut amener au relâchement entraînant l'oubli du support de méditation. Vous tombez dans un gouffre obscur où le sommeil vous envahit. Au moindre signe de relâchement, il faut réveiller l'esprit en renforçant l'intensité de la concentration.

Pour augmenter l'attention, il faut aviver ou rehausser le support de méditation ou s'intéresser à certains de ses détails. Si le support de méditation est l'image du Bouddha, observez la courbure de ses sourcils. En cas d'échec, l'exercice doit être interrompu pour rediriger vos pensées vers une idée réjouissante : les qualités merveilleuses de l'amour et de la compassion, l'extraordinaire opportunité d'avoir une pratique spirituelle au cours de la vie humaine. Si vous êtes toujours en proie au relâchement grossier, une forme d'assoupissement, vous pouvez arrêter la pratique et rechercher un endroit élevé où vous aurez une vue panoramique. Ces techniques réveillent un mental épuisé pour améliorer son efficacité et son acuité.

ANTIDOTES À L'EXCITATION

Parfois, l'esprit est agité. Vous essayez en vain de le calmer. Des techniques plus efficaces peuvent être utilisées : abaisser mentalement le support en imaginant qu'il est très lourd. En cas d'échec, poursuivez la méditation en négligeant le support un instant pour réfléchir à un sujet plus grave : par exemple, comment l'ignorance provoque les souffrances du cycle de l'existence en se plaçant à l'origine de nos afflictions mentales. Vous pouvez aussi penser à l'imminence de la mort. Ou encore étudier les désavantages du support de méditation ou les désavantages qu'il y a à le négliger. Ces réflexions vont diminuer l'agitation excessive du mental. L'attention sur le support sera consolidée. Vous pouvez alors revenir au support initial. J'ai parfois peu de temps à consacrer à la pratique à cause de mes obligations. Ce sentiment d'urgence m'oblige aux plus grands efforts qui renforcent la pleine conscience.

RENONCER AUX ANTIDOTES

L'antidote a eu les effets escomptés. Il faut cesser son utilisation et recentrer son attention sur le support initial de la méditation. La stabilité de l'attention sera rompue si vous continuez à appliquer les antidotes au relâchement et à l'excitation alors qu'ils ont cessé. Il faut arrêter leur application pour se concentrer sur le support initial, en surveillant de temps à autre que le relâchement ou l'excitation ne resurgissent pas.

La menace du relâchement et de l'excitation disparaîtra lorsque vous posséderez d'excellentes aptitudes à la méditation. Poursuivre l'application d'antidotes n'aurait plus aucune influence sur le développement de l'absorption méditative. Néanmoins, il faut encore rester attentif à ces problèmes. Je vous indiquerai le moment approprié pour abandonner l'utilisation des antidotes dans la partie suivante.

Les étapes vers le calme mental

Les enseignements bouddhistes décrivent neuf niveaux pour atteindre le calme mental. Ils forment un parcours méditatif où des repères indiquent le stade de concentration atteint et proposent des outils pour progresser.

Premier niveau : fixer le mental sur le support

Commencez par lire et écouter des enseignements pour vous familiariser avec les instructions sur le mode de préparation du mental à la concentration sur un support. Vous essayerez ensuite de les suivre. Mais il est fort probable que vous n'arriviez pas à fixer votre attention sur un support. Les pensées en cascade submergeront, l'une après l'autre, votre esprit. Dans ce cas, vous êtes au premier niveau. Vous pensez à de nombreuses choses. Dès que vous essayez de méditer, les pensées se multiplient. Vous appréhendez simplement l'ampleur, jusque-là imperceptible, de votre confusion mentale. Vos tentatives pour atteindre la pleine conscience vous obligent à constater ce qu'il se passe.

Deuxième niveau : placement continu

Si vous utilisez la pleine conscience pour vous interroger, encore et encore, sur « Suis-je concentré sur le support ? », le mental se fixe sur le support pendant de brèves périodes. Il est encore plus distrait que concentré. Vous êtes au deuxième niveau. L'afflux confus de pensées s'arrête un instant et reprend soudainement. Au cours des deux premiers niveaux, les principaux problèmes sont la paresse et la négligence du support. Le relâchement et l'excitation enrayent le stable continuum de l'attention méditative. Entraînez-vous à *fixer* le mental sur le support pendant les deux premières phases. Plus tard, vous apprendrez à *rester concentré* sur lui.

Troisième niveau : réajustement

L'inattention est aisément et rapidement perceptible grâce à la pleine conscience. Vous devenez capable de ramener votre attention sur l'objet quand il le faut, comme si vous ravaudiez un vêtement avec une pièce de tissu. La pleine conscience a atteint un point de maturité où elle reconnaît immédiatement la distraction.

Quatrième niveau : rassemblement sur le support

La complète maturation de la pleine conscience permet d'agir dès que la paresse et la négligence surviennent. Vous passez au quatrième niveau dans lequel il est impossible de négliger le support. L'excitation grossière n'apparaît plus mais les excitations subtiles demeurent et agissent de temps en temps pour provoquer la perte du support. La paresse et la négligence étaient les principaux problèmes pour les trois premiers niveaux. À présent, vos ennemis sont le relâchement et l'excitation.

Cinquième niveau : la maîtrise du mental

L'introspection s'est intensifiée et l'expérience nous a appris à voir les avantages de la stabilité méditative. Le relâchement le plus ordinaire ne se manifeste plus. L'attirance du mental pour des objets sans rapport avec le support se poursuit, il devient indispensable d'appliquer des antidotes contre le relâchement subtil pour mieux discipliner le mental.

Sixième niveau : la pacification du mental

Par l'application d'antidotes contre le relâchement subtil, vous atteignez le sixième niveau. L'introspection est au maximum de son développement. L'expérience vous a permis de comprendre les égarements dans les pensées et les afflictions mentales. Le relâchement subtil ne constitue pas un grand danger. En intensifiant le mental ou en appliquant un antidote pour éliminer le relâchement subtil, vous pouvez exciter exagérément le mental. Il existe alors un danger de générer une autre excitation subtile.

Septième niveau : la parfaite pacification du mental

Vous avez atteint le septième niveau en disciplinant l'esprit à l'aide d'antidotes contre l'excitation subtile. Vos efforts ont abouti à l'abandon du désir, l'égarement, le relâchement, la léthargie ou autres types, même sous leur forme subtile. Dorénavant, vous n'avez plus à vous préoccuper des effets du relâchement ou de l'excitation subtils. L'effort mental a désormais la capacité d'arrêter le moindre relâchement ou toute excitation. Ils ne peuvent plus nuire à la concentration, malgré de légères interférences.

Huitième niveau : absorption mentale sur un point

La puissance de la concentration s'exprime naturellement. Il suffit d'un léger effort au début de l'exercice pour que ni le relâchement ni l'excitation ne se manifestent pendant la séance de méditation. La méditation est stable et ininterrompue. Surveiller l'apparition du relâchement ou de l'excitation devient inutile pendant la pratique. Vous pouvez vous abstenir d'un tel effort si vous ne négligez pas le mode intense et perspicace de visualisation du support.

Neuvième niveau : l'égalisation mentale

Vous êtes maintenant rompu à la pratique. L'effort de mise en œuvre de la pleine conscience et de l'introspection n'est plus indispensable. Le mental se concentre naturellement sur le support. Le neuvième niveau est spontané. Pour commencer la séance, vous dirigez le mental sur le support. La stabilité méditative se maintient sans interruption sur une longue durée sans contrainte. Vous n'avez plus à recourir même aux plus infimes efforts de concentration requis au précédent niveau. Les antidotes aux différentes formes de relâchement ou d'excitation sont devenus inutiles.

LES CARACTÉRISTIQUES DU CALME MENTAL

Le passage spontané au neuvième niveau ne signifie pas que vous êtes dans un état de calme mental. Il le précède. L'assouplissement mental et corporel est engendré après maints exercices d'absorption méditative sans aucune défaillance due au relâchement et à l'excitation.

Vous aurez l'impression désagréable d'avoir le cerveau paralysé. Un léger fourmillement apparaît au sommet de la tête, sorte de sensation de chaleur qui rappelle l'apposition de mains chaudes sur un crâne fraîchement rasé. C'est le signe d'un *assouplissement mental* effectif qui dissipe les dysfonctionnements mentaux interdisant une unification complète et facile du mental. Cette légèreté mentale opère seulement avec la méditation au moment où l'esprit est calmement unifié avec le support.

La flexibilité mentale fait circuler une énergie favorable dans l'ensemble du corps. Elle suscite, à son tour, un état de *flexibilité physique* qui supprime les troubles et les dysfonctionnements physiques, responsables de la fatigue et du manque d'enthousiasme pour la méditation. Le corps est léger comme du coton. La flexibilité physique engendre subitement un état de *félicité d'assouplissement physique*, une sensation de confort pénètre le corps. Vous pouvez maintenant user de votre corps pour accomplir des activités vertueuses en accord avec votre vœu.

Ce bien-être physique conduit ensuite au bien-être mental appelé « la félicité du parfait assouplissement mental ». Elle rend l'esprit joyeux, au début, légèrement euphorique, puis il se stabilise peu à peu. À cette confluence, vous touchez à la *flexibilité égalisée*. La marque de la réalisation du véritable calme mental. Auparavant, votre état n'avait que l'apparence du calme mental.

Avec la garantie du calme mental, l'esprit est puissamment concentré. Il peut se purifier des afflictions mentales s'il fait appel à la vue profonde. L'égalisation méditative a généré subitement la flexibilité mentale et physique. Vous avez eu la sensation que l'esprit se mêlait à l'espace. À la fin de la séance méditative, le corps semble neuf. Les traits significatifs de la flexibilité physique et mentale perdurent. Le mental est devenu aussi inébranlable qu'une montagne, et si perspicace qu'il pourrait dénombrer les particules d'un mur. Les émotions contre-productives sont rares et vous êtes libéré du désir des vues, des sons, des odeurs, des goûts et des sensations agréables du toucher. Vous êtes libéré de toutes intentions nuisibles, de la léthargie, de la torpeur, de l'excitation, des sentiments de tristesse ou de doute. Le sommeil se mue naturellement en méditation, où vous vivez de nombreuses expériences merveilleuses.

Réflexion méditative

1. Pour déjouer la négligence qui est une perception trop relâchée du support de méditation :

Commencez par renforcer légèrement l'attention portée au support.

Si cela ne suffit pas, rafraîchir ou rehausser le support méditatif, ou scruter chacun de ses détails.

Si cela ne suffit pas encore, détournez-vous du support et pensez un instant aux merveilleuses qualités de l'amour et de la compassion, ou à l'extraordinaire chance que nous offre cette vie pour la pratique spirituelle.

Si cela est insuffisant, arrêtez l'exercice et recherchez un endroit élevé d'où vous aurez une vue panoramique.

2. Pour combattre l'excitation, qui limite la perception du support de méditation :

Commencez par relâcher légèrement la concentration sur la visualisation du support.

Si cela ne suffit pas, abaissez mentalement le support en imaginant qu'il est très lourd.

Si cela ne suffit pas encore, négligez l'objet pour penser un moment à un sujet qui vous rend plus profond : comment l'ignorance provoque les souffrances dans le cycle de l'existence, l'imminence de la mort, les désavantages du support délaissé ou les désavantages de l'avoir négligé.

L'apprentissage de ces techniques méditatives va progressivement développer votre capacité à vous servir d'elles dès que vous constaterez un problème dans la qualité de l'attention portée au support pendant la méditation.

QUATRIÈME PARTIE

COMMENT METTRE UN TERME
À L'AVEUGLEMENT

10

Commencer par méditer sur soi

« À travers une personne tout est connu
À travers une personne tout est aussi appréhendé. »

Bouddha.

Puisque l'être ressent du plaisir ou de la douleur, s'attire des ennuis, accumule le karma – nuisances et désordres ont pour origine le soi –, l'analyse doit commencer par vous. Dès que vous comprendrez que l'être n'a pas d'existence intrinsèque, vous pourrez élargir cette prise de conscience aux choses que vous aimez, subissez ou utilisez. Dans ce sens, la personne est primordiale.

Nagarjuna, pour cette raison, introduit en premier l'absence de soi des êtres et étend l'exemple à l'absence de soi des phénomènes. Dans *La Recommandation de la Guirlande de Joyaux*, il dit :

L'être n'est ni terre, ni eau
Ni feu, ni vent, ni éther,

Ni conscience, ni rien de tout cela.
Quel être peut-il être en dehors de cela ?

Comme il se doit, il est conditionné par l'agréga-
tion de six éléments
L'être n'est pas fondé selon sa propre réalité,
Parce qu'il est conditionné sous forme d'agrégat
Chacun de ses composés n'est pas établi selon
sa propre réalité.

Comme un être n'a pas d'existence intrinsèque car il
ou elle est conditionné(e) par un ensemble de six éléments : la terre (les composés solides du corps), l'eau
(les fluides), le feu (la chaleur), l'air (la mobilité, l'énergie), l'éther ou espace (les cavités du corps) et la
conscience, de même chaque composé n'a aucune existence inhérente, étant lui-même, à son tour, conditionné
par ses propres composants.

Les exemples qui illustrent ce principe sont faciles à
comprendre. Bouddha explique cela dans le *Sutra du
Roi de la méditation* :

Vous venez de comprendre
le discernement erroné de vous-même,
Appliquez mentalement cela aux phénomènes.
L'ensemble des phénomènes sont complètement
dépourvus d'une existence intrinsèque person-
nelle, comme l'espace.
À travers une personne tout est connu
À travers une personne tout est visible.

Quand vous avez bien compris la réalité du « moi », vous pouvez comprendre les phénomènes intérieurs et extérieurs en usant de ce raisonnement. Comprendre comment un phénomène – vous-même – existe permet de comprendre la nature des phénomènes. C'est pourquoi dans le processus méditatif, au début, il faut s'efforcer de provoquer une prise de conscience de l'absence de notre existence intrinsèque, et ensuite s'efforcer de travailler pour l'étendre aux autres phénomènes.

Réflexion méditative

Réfléchissez au fait que :

1. La personne est au cœur des afflictions.

2. Par conséquent, nous devons nous efforcer de comprendre au préalable notre nature. Avec cet acquis, la prise de conscience peut être appliquée au mental, au corps, à la maison, la voiture, l'argent et aux autres phénomènes.

11

Prendre conscience que vous n'existez pas selon votre nature

> « Comme ce qui est désigné sous le terme de chariot est défini
> Selon un ensemble de composants
> Ainsi par convention, l'être humain
> Est conditionné selon les agrégats physiques et mentaux. »

> Bouddha.

Pour le bouddhisme, le terme *soi* a deux définitions qu'il faut préciser afin d'éviter la moindre confusion. Le premier sens de *soi* est « la personne » ou « l'être vivant ». L'être aimé ou haï, celui qui agit et accumule le karma positif ou négatif, qui subit les fruits de ses actes, qui est dans le cycle des renaissances, qui suit des voies spirituelles, etc.

Le second sens de *soi* se rencontre dans la formulation *absence de soi* ou *non-soi*. Il se réfère à l'imagination

erronée, la croyance ferme qu'il y a une nature appelée
« existence intrinsèque ou inhérente ». Pour l'ignorant
qui l'accepte, une telle exagération est source de
désastres et l'origine des attitudes négatives – peut-être
même diaboliques. Considérant que le « moi » est lié
aux caractéristiques physiques et mentales, l'esprit exa-
gère l'existence inhérente de l'être. Pourtant, l'observation des composés corporels et mentaux dément cette
exagération.

Quel est le statut réel de l'être humain ? La voiture
existe formée de pièces détachées. Elle est dépendante
des roues, des essieux, etc. L'être humain est aussi, par
convention, conditionné par son esprit et son corps. Le
corps n'existe pas indépendamment de l'esprit et
inversement.

RÉALITÉ RELATIVE OU L'APPELLATION

Voilà pourquoi, dans le bouddhisme, le « moi » et les
autres phénomènes sont présentés comme « réalité rela-
tive ». Cela ne signifie pas que le « moi » ou les autres
phénomènes sont seulement des appellations. Les mots
qui désignent ces phénomènes se réfèrent effectivement
aux objets réels. Plus exactement, ces phénomènes
n'existent pas selon leur propre nature ; la *réalité rela-
tive* sert à écarter l'idée qu'ils se soient instaurés à partir
de l'objet lui-même. Cette notion est indispensable pour

comprendre que le « moi » et les autres phénomènes ne se manifestent pas simplement par l'évocation de leur appellation ou par l'élaboration de la pensée. Bien au contraire.

Par exemple, nous disons : « Le Dalaï Lama est un moine, un humain et un Tibétain. » Mais en disant cela, faites-vous allusion à son corps, à son esprit ou à quelque chose de différent ? Continuez à réfléchir : nous percevons l'existence d'un Dalaï Lama séparé de son corps et indépendant de son esprit. À présent regardez-vous. Si vous vous prénommez Jeanne, par exemple, nous disons : « Le corps de Jeanne, l'esprit de Jeanne. » Avec l'impression qu'une Jeanne est propriétaire de son esprit et de son corps, et qu'il existe un esprit et un corps que Jeanne possède.

Comment prendre conscience qu'il s'agit d'une méprise ? Concentrez-vous sur l'idée qu'il n'y a rien dans l'esprit ou le corps qui s'apparente au « moi ». L'esprit et le corps sont vides d'un « moi » tangible. Plus précisément, prenons l'exemple d'une voiture. Elle est construite en étant *prédéterminée en fonction* de ses composants, mais elle n'en est pas la somme. Le « moi » dépend aussi du corps et de l'esprit. Un « moi » indépendant du corps et de l'esprit n'existe pas. Le « moi » perçu comme dépendant de l'esprit et du corps repose sur les conventions mondaines. Pour nous voir tels que nous sommes en réalité, il faut comprendre que ce type de « moi » est indiscernable dans l'esprit et le corps, qu'il est différent de la combinaison du corps et de l'esprit. Il existe par le pouvoir de son appellation et l'élaboration de la pensée.

LES QUATRE ÉTAPES DE LA PRISE DE CONSCIENCE

La prise de conscience de la méprise de la réalité de notre existence s'effectue en quatre étapes. Après une courte présentation de ces étapes, j'entrerai dans le détail.

La première étape passe par la découverte des croyances nées de l'ignorance, qu'il faut réfuter avant de commencer l'analyse, pour déterminer si vous-même résidez dans le corps et l'esprit ou si vous en êtes séparé. En ne le sachant pas, vous pourriez conclure de manière erronée que vous n'existez pas du tout.

Parce que le « moi » s'inscrit mentalement comme établi selon sa nature, nous n'arrivons pas à le trouver par l'analyse. Le « moi » semble ne pas exister. Alors que seul le « moi » indépendant, le « moi » à l'existence intrinsèque n'existe pas. Il est important, lors de cette première étape, de comprendre ce qui est nié par l'absence de moi, pour ne pas verser dangereusement dans le déni et le nihilisme.

Comment le « moi » s'inscrit-il dans le mental ? Il n'existe pas par la force de la pensée. Il apparaît plus concret. Vous devez donc l'appréhender avec précaution pour le définir. Voilà votre objectif.

La seconde étape consiste à déterminer si le « moi » existe de la façon dont il semble exister. Il devrait alors être soit uni avec l'esprit et le corps, soit séparé d'eux.

Une analyse vous amènera à conclure qu'il n'y a pas d'autres possibilités. Les *deux dernières étapes* servent à analyser si le « moi » et la combinaison corps-esprit forment une entité établie intrinsèquement ou différentes entités instaurées intrinsèquement.

La méditation, nous le verrons dans les paragraphes qui suivent, permet de comprendre progressivement que l'une et l'autre solutions sont fausses. À ce moment-là, vous aurez pris conscience que le « moi » n'a pas d'existence intrinsèque. Par conséquent, il sera facile de concevoir que la possession, le « mien » n'a lui non plus aucune existence inhérente.

PREMIÈRE ÉTAPE : DÉTERMINER LA CIBLE

Les élaborations conceptuelles donnent l'impression, en général, d'être autonomes, indépendantes de la pensée. Au moment où votre regard s'arrête sur un objet – que ce soit vous, une autre personne, un corps, un esprit ou une chose matérielle –, vous ne niez pas l'apparence intangible qui semble lui donner corps. À des moments de grande tension, on observe un phénomène similaire, comme par exemple quand une personne vous critique pour une chose que vous n'avez pas commise : « Vous avez fait échouer ceci ou cela. » Vous ruminez intérieurement : « Ce n'est pas vrai ! » Si fort que vous pourriez le hurler aux oreilles de votre accusateur.

Comment le « moi » s'inscrit-il dans le mental à cet instant-là ? Pourquoi ce « moi » valorisé et chéri est-il si réel ? Comment l'appréhendez-vous ? En réfléchissant à ces questions, vous ressentez le mode inné et naturel d'appréhension du « moi » par le mental : un « moi » autonome et intrinsèque.

Prenons un autre exemple. Vous aviez une chose importante à faire et vous avez oublié. Vous êtes mécontent : « Satanée mémoire ! » Vous vous emportez contre votre mental. Alors le « moi » en colère et le mental à qui cette colère s'adresse deviennent deux entités indépendantes l'une de l'autre.

Le processus est analogue lorsque votre corps ou une de ses parties vous énerve. Une main par exemple. Le « moi » irascible semble posséder sa propre existence, comme s'il était intrinsèque et distinct du corps, la cible de son courroux. Dans ces circonstances, vous découvrez l'apparence d'un « moi » autonome, comme instauré de lui-même, constitué selon sa propre nature. Vous avez l'impression que le « moi » est indépendant du mental et du corps.

Rappelez-vous une situation où vous avez mal agi. Vous avez pensé : « J'ai vraiment fait des dégâts. » À ce moment précis, le sens du « moi » se révèle sous la forme d'une entité propre, qui n'est ni le mental ni le corps, mais quelque chose de plus fort.

Ou encore, rappelez-vous une initiative heureuse ou un événement merveilleux que vous avez vécu, et dont vous étiez fier. Le « moi » est valorisé, si chéri, si aimé. Il est l'objet d'une telle attention qu'il en devient concret et concis. À ces moments-là, la notion du « moi » est particulièrement erronée.

Si vous acceptez une réalité aussi ostensible, vous encouragez l'apparition dans le mental d'un profond sentiment du « moi ». Si vous la refusez, la force du « moi » s'affaiblit et vous pourrez vérifier s'il existe aussi concrètement qu'il est apparu. Au XVIIe siècle, le Cinquième Dalaï Lama expliquait avec lucidité ceci :

> Parfois, le « moi » semble en lien avec le corps. Parfois, il semble en lien avec l'esprit. Parfois, il semble en lien avec les sentiments, les discriminations ou d'autres facteurs. Finalement, en distinguant les différentes modalités de l'apparence du « moi », vous parviendrez à découvrir un « moi » autonome et intrinsèque, instauré de lui-même dès le début, indifférencié de l'esprit et du corps, comme l'eau mélangée au lait. Telle est la première étape, la certitude que l'objet est nié du point de vue de l'absence de soi. Vous devez approfondir cette réflexion pour atteindre la perspicacité.

Les trois prochains chapitres seront consacrés aux *trois dernières étapes*. Vous allez prendre conscience que ce « moi » auquel vous êtes attaché, qui orchestre votre comportement, est purement et simplement une invention de votre imagination. Un « moi » concret n'existe absolument pas. Pour aborder les étapes suivantes, vous devez croire à la notion d'un « moi » instauré de lui-même, et y croire avec force.

Comment mettre un terme à l'aveuglement

Réflexion méditative

1. Imaginez une personne qui vous accuse pour une chose que vous n'avez pas commise. Elle vous pointe du doigt en disant : « Vous êtes une calamité ! »

2. Observez votre réaction. Comment le « moi » s'inscrit-il dans le mental ?

3. Comment l'appréhendez-vous ?

4. Remarquez l'apparence de ce « moi » autonome, instauré de lui-même, fondé selon sa propre nature.

Aussi :

1. Rappelez-vous les moments où vous êtes agacé parce que vous n'arrivez pas à vous souvenir de quelque chose.

2. Remémorez-vous vos sentiments. Comment le « moi » s'inscrit-il dans le mental à ce moment précis ?

3. Comment l'appréhendez-vous ?

4. Remarquez l'apparence de ce « moi » autonome, instauré de lui-même, fondé selon sa propre nature.

Aussi :

1. Rappelez-vous une circonstance où vous étiez irrité contre votre corps ou un de ses éléments. Vos cheveux par exemple.

2. Observez votre contrariété. Comment le « moi » s'inscrit-il dans le mental à ce moment précis ?

3. Comment l'appréhendez-vous ?

4. Remarquez l'apparence de ce « moi » autonome, instauré de lui-même, fondé selon sa propre nature.

Aussi :

127

1. Rappelez-vous une circonstance où vous avez mal agi. Vous avez pensé : « J'ai vraiment semé la pagaille. »

2. Analysez vos sentiments. Comment le « moi » s'inscrit-il dans le mental à ce moment précis ?

3. Comment l'appréhendez-vous ?

4. Remarquez l'apparence de ce « moi » autonome, instauré de lui-même, fondé selon sa propre nature.

Aussi :

1. Rappelez-vous une circonstance où vous avez accompli quelque chose de merveilleux, et en avez retiré une grande fierté.

2. Évaluez vos sentiments. Comment le « moi » s'inscrit-il dans le mental à ce moment précis ?

3. Comment l'appréhendez-vous ?

4. Remarquez l'apparence de ce « moi » autonome, instauré de lui-même, fondé selon sa propre nature.

Aussi :

1. Rappelez-vous un événement merveilleux que vous avez adoré.

2. Observez vos sentiments. Comment le « moi » s'inscrit-il dans le mental à ce moment précis ?

3. Comment l'appréhendez-vous ?

4. Remarquez l'apparence de ce « moi » autonome, instauré de lui-même, fondé selon sa propre nature.

12

Faire des choix

« L'analyse individuelle des phénomènes révèle l'absence de soi
Il faut méditer sur cette absence de soi,
La cause qui mène au fruit, au nirvana.
Personne n'atteint la paix par un autre chemin. »

Bouddha.

Lors de la première étape, vous êtes arrivé à comprendre comment le « moi » s'inscrit dans le mental. Cette prise de conscience est essentielle. Sans notion approfondie de l'existence inhérente, l'enseignement sur l'absence de soi ou la vacuité ne serait que de vaines paroles. Après avoir reconnu l'idée que les objets existent selon leur propre pouvoir, vous pouvez essayer de comprendre l'absence d'une existence exagérément concrète façonnée par l'esprit, pendant l'étude et la méditation sur l'absence de soi et la vacuité. Sans connaître et accepter le principe qui établit la façon dont les objets se manifestent, vous supposeriez que les grands traités sur la vacuité ont été concoctés dans le but de nous obliger à accepter leurs allégations. Pour cette raison, revenez à l'étape initiale s'il le faut. Approfondissez votre connaissance. Et votre jugement, sur l'objet de ce raisonnement, sera de plus en plus perspicace.

DEUXIÈME ÉTAPE : LIMITER LES POSSIBILITÉS

L'analyse qui suit, pour être entreprise, demande l'établissement d'un contexte logique. En général, ce qui s'inscrit dans le mental est unique ou en nombre, seul ou pluriel. Par exemple, un pilier et un bol de fer forment un pluriel. Le bol est seul.

Par conséquent, ce qui est intrinsèquement établi doit correspondre à une seule ou plusieurs entités. Il n'y a pas d'alternative. Si le « moi » existe intrinsèquement, il ne fait qu'un avec l'esprit ou le corps ou, au contraire, il est différent de l'esprit et du corps.

Nous devons y réfléchir. Ces critères formeront, lors des deux prochaines étapes, un cadre cohérent pour vérifier si l'objet découvert initialement a une telle matérialisation. Il résistera à l'analyse si c'est le cas.

Réflexion méditative

1. Analysez si le « moi », autonome et intrinsèque dans le contexte de l'entité corps-esprit, peut exister

130

autrement qu'en étant une partie, ou en étant séparé du corps et de l'esprit.

2. Prenez d'autres types de phénomènes : une table et une chaise ou une maison et une montagne. Observez-les pour discerner s'ils peuvent être classés sous une forme tierce. Finalement, ils appartiennent à la même catégorie ou ils sont différents.

3. Décidez si le « moi » qui existe intrinsèquement selon son apparence ne fait qu'un avec le corps et l'esprit, ou s'il en est séparé.

13

Analyser l'unicité

> « Le principe qui purifie l'esprit dans l'absolu,
> C'est l'absence d'existence inhérente. »
>
> Nagarjuna, *L'Éloge de la réalité.*

À ce stade, vous êtes capable d'analyser si le « moi » ne fait qu'un avec l'esprit et le corps. Réfléchissez aux conséquences qui en découlent. Si le « moi » est autonome, comme il s'inscrit dans le mental, son amalgame avec l'entité corps-esprit impliquerait que le « moi » et l'entité corps-esprit soient indistincts. Et ils se confondraient en une seule entité. Les phénomènes qui se manifestent sous deux réalités différentes sont erronés. Car ce qui est vraiment établi ne peut être à la fois relatif et à la fois réel. Ce qui est vrai doit apparaître en conformité avec sa réalité et doit exister selon son apparence.

Si le « moi » forme un amalgame avec l'entité corps-esprit, pour quelle raison évoquerait-on l'existence du « moi » ? Nagarjuna, dans le *Traité fondamental sur la Voie du Milieu appelée « Sagesse »*, dit :

> En admettant qu'il n'y ait pas de soi
> En dehors de l'entité corps-esprit,
> Alors l'entité corps-esprit elle-même serait le soi.
> Dans ce cas, votre soi n'existe pas.

Si le « moi » et l'entité corps-esprit ne forment qu'un, penser à « mon corps » ou « ma tête » ou « mon esprit », ou estimer que « mon corps se fortifie » n'a aucun sens. Ainsi, l'unicité du soi et de l'entité corps-esprit condamne le soi à la disparition, dès que le corps et l'esprit n'existent plus.

Puisque le corps et l'esprit sont pluriels, la personne devrait posséder plusieurs soi ou plusieurs natures aussi. Voilà une seconde ambiguïté.

Candrakirti dit ainsi :

> Si le corps et l'esprit forment le soi,
> Alors puisqu'ils sont pluriels,
> Les soi doivent aussi être pluriels.

Or, si le soi est unicité, l'esprit et le corps devraient l'être aussi. La troisième ambiguïté porte sur l'allégation que le corps et l'esprit sont produits par les agrégats et se désintègrent ; le « moi » devrait alors s'engendrer intrinsèquement et se détruire intrinsèquement. Les bouddhistes acceptent donc par *convention* que le soi soit produit et se désintègre sans être intrinsèquement indépendant. Cependant, s'il n'y a pas d'existence inhérente, les moments de l'existence ou les vies peuvent former un continuum dans lequel le passé dépend du futur. Avec un soi engendré intrinsèquement, et désintégré intrinsèquement, les moments présents de la vie ne peuvent plus dépendre des moments passés. Chaque instant est amené à se produire et à se désintégrer intrinsèquement, sans dépendre de rien d'autre. Dans ce cas, les vies antérieures deviennent improbables, car chaque vie existe selon sa propre nature, autonome.

Bouddha a parlé d'une mémoire des vies passées. Certains ont mal compris. Ils pensent que le Bouddha illuminé et l'être qu'il fut dans sa dernière vie forment une unicité, une analogie pour l'éternité. Or Bouddha, en relatant ses vies antérieures, était prudent. En parlant de la personne qu'il était, il ne désignait ni un être spécifique, ni un endroit particulier, ni une période précise. Il utilisait des termes vagues, en avançant simplement : « Antérieurement, j'étais telle ou telle personne. » Sans jamais dire : « Antérieurement, Bouddha Sakyamuni était telle ou telle personne. »

Ainsi, le moteur des actes (karma) d'une vie passée et le moteur né du mûrissement de ces karmas appartiennent au continuum de ce que les bouddhistes appellent le « moi sans existence inhérente » (ou le « moi phénoménal ») qui circule vie après vie. Faute de quoi, le « moi » qui s'engendre intrinsèquement pour se désintégrer intrinsèquement n'aurait donc pas de continuité. Prenons deux vies, une personne commet un acte que l'autre subit. Si aucun lien n'existe, le résultat est absurde. Les effets plaisants des actes positifs ou les effets douloureux des actes négatifs ne produiraient aucun fruit. Les conséquences de ces actes seraient galvaudées. Nous avons pu constater que les effets découlent des actes, alors nous devrions accepter de subir les conséquences d'actes que nous n'avons pas commis.

Réflexion méditative

Réfléchissez aux conséquences si le « moi » est comme il s'inscrit dans notre mental, autonome et intrinsèquement différent de l'entité corps-esprit :

1. Si le « moi » et l'entité corps-esprit forment une unicité parfaite,

2. Alors revendiquer un « moi » ne rime à rien.

3. Penser à « mon corps » ou « ma tête » ou « mon esprit » est impossible.

4. À la disparition du corps et de l'esprit, le soi n'existera plus.

5. L'esprit et le corps étant pluriels, les natures ou les soi de la personne seraient aussi pluriels.

6. Si le « moi » est un, l'esprit et le corps forment aussi une unicité.

7. Comme le corps et l'esprit sont produits par les agrégats et se désintègrent, la logique serait que le « moi » s'engendre intrinsèquement pour se détruire intrinsèquement. Dans ce cas, les effets plaisants des actes positifs ou les effets douloureux des actes négatifs ne produiront aucun fruit, ou bien nous devrions accepter de subir les conséquences d'actes que nous n'avons pas commis.

Rappelez-vous, ce qui est autonome ne peut pas s'insérer dans un continuum analogue. C'est différent et sans rapport. Comprendre ce principe demande de la perspicacité dans la perception du « moi » et des phénomènes qui apparaissent souvent comme autonomes, dans la gestion de l'apparence et des actes qui en découlent. C'est précisément ce genre d'exagération de la réalité qu'il nous faut analyser.

14

Analyser la différence

« Chacun le sait
Le reflet d'un visage
Dans le miroir
N'est pas un vrai visage,
Ainsi l'idée du "moi" existe
Lié à l'esprit et au corps,
Or, comme le reflet du visage,
Le "moi" n'existe pas selon sa nature. »

Nagarjuna, *La Recommandation
de la Guirlande de Joyaux.*

À présent, poursuivons avec une analyse sur la distinction potentielle entre le « moi » et l'entité corps-esprit. Réfléchissez aux conséquences qui en résulteraient. Les manifestations physiques et mentales sont appelées « phénomènes composés » parce qu'ils sont engendrés, se prolongent puis se désintègrent d'instant en instant. Ces caractéristiques montrent que les facteurs physiques et mentaux sont générés selon des causes et

des conditions particulières, et qu'ils sont, par conséquent, impermanents.

Si le « moi » et l'ensemble des divers phénomènes
impermanents sont intrinsèquement différents, il serait
illogique que le « moi » n'ait pas les caractéristiques des
phénomènes impermanents, c'est-à-dire : le pouvoir
d'être établi, de durer et de se désintégrer. Un cheval
n'a-t-il pas les mêmes caractéristiques qu'un éléphant
alors qu'il est une entité différente ? Candrakirti dit :

> Si le soi s'avère être différent de l'esprit et du
> corps, puisque la conscience est distincte du
> corps, le soi devrait être instauré comme ayant
> une nature complètement différente de l'esprit et
> du corps.

Reprenons, si le « moi » et l'entité corps-esprit sont
intrinsèquement différents, il est plausible que le « moi »
soit une illusion ou un phénomène permanent. Il peut
aussi ne posséder aucune des caractéristiques du corps
ou du mental, le « moi » serait alors appréhendé comme
totalement dissocié du corps et du mental. Quand vous
recherchez à définir le « moi », vous avez tendance à le
distinguer de l'esprit et du corps, mais vous n'y arrivez
pas. Le « moi », en l'absence de corps et de mental, est
imperceptible. Candrakirti dit :

> Il n'y a pas d'autre soi que l'entité corps-esprit,
> Car, en dehors de l'entité corps-esprit, le conce-
> voir est impossible.

Comment mettre un terme à l'aveuglement

Réflexion méditative

Réfléchissez aux conséquences si le « moi » est, comme il s'inscrit dans le mental, autonome et intrinsèquement différent de l'entité corps-esprit :

1. Si le « moi » et l'entité corps-esprit sont complètement distincts,

2. Alors le « moi » doit persister après la disparition de l'esprit et du corps.

3. Le « moi » n'a pas le pouvoir d'être engendré, de se prolonger et de se désintégrer, ce qui est absurde.

4. Le « moi » est alors une illusion ou un phénomène permanent, ce qui est encore absurde.

5. Le « moi » ne possède donc aucune caractéristique physique ou mentale, ce qui est également absurde.

15

Conclure

« La réalité se vérifie ensuite
Depuis ce qui fut imaginé autrefois par ignorance. »

Nagarjuna, *La Recommandation
de la Guirlande de Joyaux.*

Au milieu du XVIIe siècle, le Cinquième Dalaï Lama
recommandait que l'analyse du « moi » s'effectue avec
vivacité en évitant la routine. La recherche du « moi »
concret doit s'effectuer jusqu'au bout, sinon vous ne ressentirez jamais l'impact qui résulte de l'avoir trouvé.
Si vous n'arrivez pas à déterminer s'il est analogue ou
intrinsèquement différent du corps et de l'esprit, il faut
persévérer. Le Cinquième Dalaï Lama écrivait :

> Si vous ne l'avez pas trouvé, conclure par cette
> simple phrase « Je ne l'ai pas trouvé » est insa-
> tisfaisant. Par exemple, lorsqu'un bœuf s'est
> égaré, personne ne se contente du simple

constat : « Il n'est ni ici ni là-bas. » Bien au contraire, les recherches se poursuivent avec obstination sur les terres hautes, basses et intermédiaires, jusqu'au moment où vous prenez l'implacable résolution qu'il est introuvable. Pour la méditation, vous devez aussi aboutir à cette décision, alors vous gagnerez en conviction.

Une fois engagé dans l'analyse, interrogez-vous sur le sens profond de ce « moi » autonome qui paraissait si crédible auparavant. Progressivement, vous allez penser : « Ah ! Il semblait si réel au début, peut-être ne l'est-il pas. » Poursuivez l'analyse, encore et encore, jusqu'à être convaincu (au plus profond de vous, et non superficiellement) qu'un tel « moi » n'existe absolument pas. En allant au-delà de simples mots, vous vous persuaderez qu'il n'existe pas de cette façon, malgré son apparence concrète. Le signe d'une analyse achevée se traduit par la décision dans votre for intérieur que cette forme de « moi » n'existe réellement pas.

Souvent, au moment où je m'apprête à donner une conférence devant un large public, je m'arrête sur chaque personne. Il ou elle, assis(e) sur son siège, semble exister selon son propre pouvoir, au lieu d'exister par le pouvoir de la pensée ou par convention. Chacun a apparemment un aspect concret et exagéré. Telle est leur apparence, leur inscription dans mon mental. Or s'ils existaient vraiment ainsi, il serait possible de les définir à l'aide du mode d'analyse que je vous ai proposé. C'est impossible ! Leur apparence est donc en

Se voir tel qu'on est

conflit avec leur réalité. Par conséquent, je me réfère à mes connaissances sur l'absence de soi, en méditant, par exemple, sur l'assertion de Nagarjuna, dans son *Traité fondamental sur la Voie du Milieu appelée « Sagesse »*, qui pose la question de l'existence inhérente du Bouddha :

> Le Bouddha n'est pas analogue à son entité corps-esprit.
> Il n'est pas autre chose que son entité corps-esprit.
> L'entité corps-esprit n'est pas Bouddha ; et il n'est pas l'entité.
> L'entité ne lui appartient pas. Quel Bouddha existe ?

Nagarjuna a recours au Bouddha pour réaliser une démonstration sur l'absence de soi, sur l'absence d'un être à l'existence inhérente. Nous devons méditer sur l'absence de notre propre soi individuel à partir de cet exemple. Voilà ma réflexion quand je l'applique à moi-même :

> Le moine Tenzin Gyatso n'est pas analogue à son entité corps-esprit.
> Il n'est pas autre chose que son entité corps-esprit.
> L'entité corps-esprit n'est pas Tenzin Gyatso ; et il n'est pas l'entité.
> L'entité ne lui appartient pas. Quel Tenzin Gyatso existe ?

Du sommet de son crâne à la plante de ses pieds, le moine Tenzin Gyatso est introuvable dans son entité corps-esprit. La recherche du moine Tenzin Gyatso aboutit au vide – pas de conscience visuelle, pas de conscience de l'odorat, pas de conscience auditive, pas de conscience gustative, pas de conscience corporelle, aucune conscience mentale, ni conscience de l'éveil, ni conscience du rêve, ni conscience du sommeil profond, et, pour conclure, aucune claire lumière de la mort. Une de ces consciences est-elle Tenzin Gyatso ? Tenzin Gyatso n'est aucune d'entre elles.

Il n'y a rien en dehors de l'entité corps-esprit qui soit Tenzin Gyatso. De surcroît, Tenzin Gyatso n'est pas en relation avec l'entité corps-esprit sous forme d'entité séparée, à l'exemple d'un lion dans un bosquet d'arbres. Et l'entité corps-esprit ne dépend pas de Tenzin Gyatso comme une entité séparée, à l'image d'une forêt sous la neige. Ces deux cas exigent que Tenzin Gyatso et le corps-esprit soient des entités différentes. Cela est impossible. Tenzin Gyatso ne possède pas l'entité corps-esprit comme une personne est propriétaire d'un buffle, car il en résulterait deux entités différentes ; ou comme un arbre indissociable de son cœur, il en résulterait une unicité.

Alors, quel Tenzin Gyatso est là ? Je vous assure, rien n'est discernable : il n'est ni une partie de l'entité corps-esprit, ni dépendant de l'entité corps-esprit sous forme d'entité séparée ; il ne possède pas l'entité corps-esprit ; même pas sous forme de continuum de l'entité corps-esprit. En conclusion, le soi est formellement prédéterminé en fonction de l'entité corps-esprit.

Cette analyse s'oppose au processus de réflexion ordinaire. Quand je pense : « Je suis un moine », l'image d'un moine avec son corps et son esprit s'inscrit dans mon mental. Nous sommes tous humains, c'est incontestable. Mais lorsque nous nous déterminons comme individus, l'autre personne là-bas est dissociée, les deux entités ont donc des apparences très concrètes. Or, l'analyse ne permet pas de définir ce que la personne est réellement. Quand nous examinons si elle a une forme d'esprit et de corps spécifique, nous ne trouvons rien de déterminant. De même rien ne prouve qu'une entité distincte du corps et de l'esprit soit la personne. Pour cette raison, la spiritualité bouddhiste nous enseigne que l'être est simplement prédéterminé en fonction du corps et de l'esprit.

Je comprends par l'analyse que ce qui semblait initialement substantiel ne l'est pas. La personne dont l'apparence est si incroyablement concrète est indécelable. Ce qui donne l'impression d'exister intrinsèquement dépend, en définitive, de la pensée.

Réfléchissant à cela, quand je regarde le public, je vois ces dizaines de milliers de personnes qui pensent « moi », « moi », « moi ». Leur mode de réflexion les entraîne vers l'erreur et les difficultés. Les appréhender ainsi m'aide – et vous aidera – à éprouver de la compassion pour les êtres piégés par cette méprise. Je commence souvent mes conférences avec cet exercice méditatif.

Méditez et étudiez successivement ces quatre étapes, vous finirez par avoir la capacité d'analyser chaque chose en procédant ainsi : observer le conflit entre l'apparence et la réalité pour décider en votre for intérieur que les êtres et les choses n'existent pas selon leur apparence. Le mental doit être résolument persuadé de l'absence totale d'existence intrinsèque du « moi » pour triompher de toute conviction ultérieure. La vacuité commence à pénétrer le mental.

Réflexion méditative

Reprenons les quatre points qui mènent à la prise de conscience :

1. Se concentrer sur l'objectif, l'apparence du « moi » comme s'il était fondé selon sa propre nature.

2. Déterminez si le « moi » existe selon son apparence, amalgamé à l'esprit et au corps ou distinct du corps et de l'esprit.

3. Méditez profondément la question de son analogie avec l'entité corps-esprit.

• Si le « moi » et l'entité corps-esprit forment une unicité,

• Alors défendre un « moi » ne rime à rien.

• Penser à « mon corps » ou « ma tête » ou « mon esprit » est impossible.

• Mon esprit et mon corps disparus, le soi individuel se délitera aussi.

• Si l'esprit et le corps sont pluriels, les natures ou les soi d'un individu doivent être pluriels.

• Si le « moi » est unique, alors l'esprit et le corps sont un.

• Si l'esprit et le corps sont engendrés pour se désintégrer, alors le « moi » s'engendre aussi intrinsèquement pour se désintégrer intrinsèquement. Dans ce cas, les effets agréables des actes positifs ou les effets douloureux des actes négatifs ne produiront aucun fruit, ou bien nous devrions accepter de subir les conséquences d'actes que nous n'avons pas commis.

4. Considérez avec attention les incidences si le « moi » et l'entité corps-esprit sont intrinsèquement différents,

• Si le « moi » et l'entité corps-esprit sont complètement distincts,

• Alors le « moi » doit persister après la disparition de l'esprit et du corps.

• Le « moi » n'a pas les caractéristiques de production, continuité et désintégration, ce qui est absurde.

• Le « moi » est illusoire ou permanent, ce qui est aussi absurde.

• Le « moi » ne possède aucune caractéristique physique ou mentale, ce qui est également absurde.

16

Évaluer la prise de conscience

« Qui va vers sa perte
En mangeant mal peut obtenir
Une longue vie saine,
Force, et plaisirs s'il se nourrit avec raison.
Ainsi, va vers sa perte
Qui a une vision erronée.
Mais il peut atteindre le bonheur et l'illumination suprême
Avec la vérité absolue. »

Nagarjuna, *La Recommandation
de la Guirlande de Joyaux.*

Après l'analyse sur la recherche d'un « moi » à l'existence intrinsèque, vous aboutissez dans l'impasse d'un « moi » indéfinissable. Est-ce la vacuité de l'existence inhérente ou quelque chose de plus grossier ? Le degré de perception le plus grossier correspond à l'appréhension d'une personne « substantielle dans le sens où elle est autosuffisante ». Le degré le plus subtil est l'appréhension d'une personne « sans existence intrinsèque ».

La conclusion sera erronée si vous confondez la vacuité la plus subtile avec la plus grossière.

La prise de conscience des différentes formes de la vacuité est indispensable. Comprendre la plus grossière prédispose à la prise de conscience de la plus subtile. La confusion entre les deux est à éviter. Pour les différencier, revenez à l'exercice de réflexion méditative du chapitre 15, à l'étape où l'idée du « moi » établi intrinsèquement s'effondre. La disparition du « moi » dans le vide mental oblige alors à modifier l'objet initial de l'analyse pour s'orienter vers le corps ou à une autre partie corporelle, le bras par exemple.

Si le sentiment que le bras ou le corps sont instaurés selon leur propre nature s'évanouit subitement, c'est le signe que la connaissance de la vacuité du « moi » a atteint le niveau le plus subtil. Néanmoins, si la force de ce raisonnement n'a aucun effet immédiat sur le corps ou le bras, la perception de la vacuité du « moi » n'est pas si profonde et demeure à un niveau grossier.

Si l'impression d'une substantialité du bras perdure, l'analyse n'a pas été aussi profonde que vous croyez. Ce qui permet à Nagarjuna de dire :

> Tant que l'on a une idée erronée de l'esprit et du corps
> La méprise sur l'existence du « moi » perdure.

COMMENT FAIRE LE DISTINGUO ENTRE LES IDÉES
ERRONÉES GROSSIÈRES ET SUBTILES

Dès que vous êtes dans une surestimation *éhontée* de vous-même – dans un moment d'avidité, de haine, de défensive ou d'afflictions analogues –, l'appréhension d'un « moi » établi selon sa nature s'impose à vous. Cette reconnaissance du « moi » ne pourra pas s'étendre à l'ensemble des autres phénomènes. Établi sur une appréciation grossière, le sentiment du « moi » peut, dans une situation ordinaire, ne pas se confondre avec l'apparence d'un « moi » établi intrinsèquement. En fait, la confusion opère à un niveau plus subtil. La prise de conscience liminaire n'a pas toute la force qu'elle devrait avoir. Mais ne négligez pas son importance.

Arrêtons-nous sur ce point pour le développer. Je vous demande de la patience. Commençons par réfléchir à un paradoxe : si un être n'est ni physique ni spirituel, ni la combinaison des deux, ni autre chose que ces composés, alors que recherchons-nous avec l'analyse du « moi » ? Les sutras nous disent d'être attentifs au « moi » ou à cet individu aux origines conditionnées. Par manque de perspicacité, nous nous intéressons au « moi » seul que les bouddhistes appellent le « moi phé-noménal ». L'idée fausse du « moi » vient d'une inter-prétation erronée de l'existence inhérente du corps et de l'esprit ; l'intérêt peut ainsi se porter sur le corps et l'esprit au lieu du « moi ». Mais, en définitive, il s'agit aussi du « moi ».

Si les sens et la conscience perçoivent un « moi » nanti d'une nature exagérée, ce qui s'inscrit alors dans le mental n'a aucun intérêt. Les apparences intérieures ou extérieures des objets, y compris le « moi », donnent l'impression que les phénomènes sont autonomes. Pour cette raison, nos consciences se méprennent sur les apparences, même si certaines observations sont justes : voir bleu un objet bleu ou voir une porte quand c'est une porte. Dans ce cas, elles se conforment à l'aspect général de l'objet. Mais cette appréhension est aussi erronée, dans le sens où nous avons une propension à voir l'objet recouvert du voile de l'existence inhérente.

Pendant la méditation, lors du processus de négation du sentiment superfétatoire de l'existence intrinsèque, si vous acceptez de vous voir tel quel, vous négligez forcément un exemple criant de l'existence inhérente que nous cherchons à réfuter. Oui ! Vous existez. Alors que le « moi » n'existe pas sous l'apparence où il se manifeste dans le mental. C'est pourquoi, au XVIIᵉ siècle, le Premier Panchen Lama soulignait qu'il faut nier l'existence intrinsèque du « moi » familier.

Ce « moi » n'existe pas. À partir de ce postulat, l'origine de la méprise est annihilée. En poursuivant l'analyse, si vous laissez ce « moi » exister, vous n'achopperez plus sur l'origine du problème. Car le « moi phénoménal » (le « moi » à l'existence non inhérente) et le « moi » à l'existence intrinsèque ne font plus qu'un. Par conséquent, vous devez croire que le « moi » familier n'existe pas selon son apparence. Autrement dit, si vous faites de ce « moi » une réalité pour chercher à prouver ensuite qu'il n'existe *absolument* pas, vous vous méprenez sur la nature de sa vacuité, comme cela est expliqué dans le chapitre 7.

L'IMPORTANCE DE PERSÉVÉRER

Pour aller vers une telle abstraction, vous devez travailler en alternant deux exercices : affiner le sens subtil de l'apparence du « moi » et utiliser la pratique du raisonnement pour vérifier si cette apparence résiste à l'analyse. Avec ce processus, vous augmenterez votre prise de conscience sur l'exagération du « moi » et la fragilité de son statut.

Comme les sutras l'affirment, seule l'expérience individuelle amène à faire le distinguo entre l'existence et l'existence intrinsèque. Les sutras nous encouragent à nous soustraire à la fois à l'extrême exagération de la nature des êtres et des choses, et à son contraire : que les êtres et les choses n'existent absolument pas. Définitivement, ils existent. La seule question est de savoir comment.

Avec le processus de prise de conscience que les êtres et les choses sont insaisissables par l'analyse et la rémanence de l'idée qu'ils existent, l'assertion qu'ils existent par la puissance de la pensée s'impose peu à peu. Vous êtes ainsi amené à réfléchir sur l'apparence intérieure des êtres et des choses. Un doute s'installe sur les qualités ou les défauts de ces apparences conçues comme inhérentes aux objets. Votre manière d'appréhender l'apparence des objets est plus perceptible, et vous comprenez mieux l'attachement qui en découle.

La méditation est un long voyage qui ne se limite pas à une introspection ou à plusieurs. Elle réclame un approfondissement constant pendant des jours, des mois et des années. Persévérez dans l'étude, la réflexion et la méditation.

Réflexion méditative

1. Revenez au quatrième point de l'exercice proposé au chapitre 15.

2. Au moment où la notion d'un « moi » établi intrinsèquement est délaissée et s'évanouit dans le vide mental, intéressez-vous à votre bras, par exemple.

3. Observez si l'impression de l'existence intrinsèque de votre bras disparaît subitement grâce au raisonnement utilisé ultérieurement.

4. Si l'impression de l'existence intrinsèque du bras perdure, votre appréhension demeure à un degré grossier.

Poursuivez votre effort.

En regardant le corps ou l'esprit, vous ne percevez plus leur apparence comme la réalité. Le signe que l'absence d'existence d'un « moi » concret et substantiel des phénomènes s'est inscrit dans le mental. Vous rejetez leur apparence exagérée car la méditation analytique a prouvé l'absence de leur existence inhérente. La perte de confiance dans la vérité des apparences est un gage de succès qui sera amplifié par la pratique assidue de la méditation. Voilà le processus de la révélation graduelle pour vous appréhender dans votre réalité.

La prise de conscience de la vacuité est complexe. Seul un travail constant prépare à la connaissance, analyse après analyse. Vous comprendrez le sens de la recherche de l'existence inhérente sans pouvoir la trouver : la recherche du produit insaisissable de l'imagination féconde. Cette illusion s'inscrit dans le mental comme la vacuité. Légère pour commencer, puis s'affirmant avec plus de clarté. Les premières introspections seront superficielles, puis elles s'intensifieront avec l'effort méditatif.

Le sens liminaire de la vacuité rend lucide sur la nature de l'ignorance qui induit une meilleure pratique de la vacuité. Une meilleure appréhension de la vacuité renforce, à son tour, le pouvoir de reconnaître l'ignorance et ce qui doit être nié. Reconnaître l'ignorance augmente l'impact de la pratique réitérée du raisonnement sur la vacuité. Elle renforce la prise de conscience de la nature exagérée des phénomènes pour les infirmer. Ainsi, vous triomphez des problèmes.

17

Étendre la perspicacité à sa propre nature

« Comme vous venez de découvrir
La discrimination erronée de vous-même,
Appliquez-la mentalement aux phénomènes. »

Bouddha.

Révision : S'il existait un « moi » concret, ou bien il formerait une unicité avec l'entité corps-esprit, ou bien il en serait différent. Ces deux possibilités sont des sophismes. Vous devez aboutir à la conclusion qu'un « moi » si concret n'existe absolument pas.

Comprendre qu'un « moi » inhérent n'existe pas favorise la prise de conscience que le sens de l'existence inhérente de la possession est erroné. Le « moi » use du corps et de l'esprit comme de simples objets. Le « moi » s'apparente à un propriétaire, à qui le corps et l'esprit appartiennent. D'ailleurs, nous disons : « Mon corps est un peu surmené » ou « Mon corps est en forme ». De telles assertions sont correctes. Vous ne pensez pas

« C'est moi ! » quand vous regardez votre bras. Cependant, dès qu'il vous fait souffrir, vous pensez : « Je souffre, je ne me sens pas bien. » Une preuve supplémentaire que le « moi » et le corps sont distincts. Le corps appartient au « moi ».

De même, en parlant de « mon esprit », nous disons alors : « Ma mémoire est fatiguée, ça ne va pas. » Vous êtes maître de l'esprit, élève indiscipliné qui sera éduqué à faire ce que vous jugerez bon.

Logiquement, le corps et l'esprit appartiennent donc au « moi ». Et le « moi » en est le propriétaire. Chacun a sa fonction, c'est indéniable. Pourtant, il n'y a pas de « moi » indépendant détaché du corps et de l'esprit, qui les posséderait en même temps. Les yeux, oreilles et chaque partie du corps sont des éléments considérés à juste titre comme votre propriété. Mais ils n'existent pas sous la forme substantielle qui donne l'impression mentale qu'un « moi » à l'existence inhérente les possède. Nagarjuna, dans *La Recommandation de la Guirlande de Joyaux*, dit :

> Le Bouddha qui a enseigné pour aider les êtres vivants
> Affirme que les êtres vivants
> Sont nés d'une conception erronée du « moi »
> Et qu'ils sont pris dans le concept du « mien ».

Quand vous prenez conscience que le soi n'existe pas intrinsèquement, alors l'idée du « mien » ne peut pas avoir d'existence inhérente.

Se voir tel qu'on est

Réflexion méditative

1. Les phénomènes intérieurs, comme le mental ou le corps, sont à vous, et, au-delà, sont les « vôtres ».

2. Les biens extérieurs, comme les vêtements ou la voiture, vous appartiennent aussi.

3. Si le « moi » n'existe pas intrinsèquement, ce qui est « vôtre » ne peut pas avoir d'existence inhérente.

18

Alterner calme mental et vue profonde

« Cultiver exclusivement la stabilité méditative
N'éliminera pas la discrimination de l'inhérente
existence.
Les afflictions mentales reviendront,
Créant une multitude de perturbations. »

Bouddha.

Le calme mental a le pouvoir de faire disparaître les
émotions contre-productives, mais il ne les élimine pas
complètement. Il faut recourir à l'introspection ou à
l'exercice de la vue profonde, telle que je l'ai expliquée
précédemment. Elle aide à éliminer définitivement les
perturbations émotionnelles et leurs conséquences. La
méditation analytique et la stabilisation méditative tra-
vaillent maintenant de conserve. Quand elles sont utilisées ainsi, elles triomphent des émotions conflictuelles
et repoussent les limites de l'intelligence. Alors vous
pourrez accomplir le but ultime d'aider plus efficace-
ment les autres.

La perspicacité et la stabilité du calme mental sont les deux conditions nécessaires pour effectuer l'analyse qui permet d'obtenir une introspection de la vacuité de l'existence inhérente réelle et puissante. Avec la perception directe de la vacuité, les phénomènes – vous, les autres et les choses – qui mènent aux émotions destructrices et aux problèmes peuvent être éliminés à leur origine.

Fusionner le calme mental avec la vue intérieure profonde demande l'alternance harmonieuse de l'absorption méditative avec la méditation analytique. Trop d'analyse provoque l'excitation. Le mental devient légèrement instable. À l'inverse, trop de stabilité vous empêche d'analyser. Le sage tibétain Tsongkhapa dit :

> La méditation analytique pratiquée seule installe un calme mental qui, tôt ou tard, dégénère. Par conséquent, pour chevaucher la monture du calme mental, vous apprendrez à alterner régulièrement l'analyse et la stabilité méditatives.

UNION ENTRE LE CALME MENTAL ET LA VUE INTÉRIEURE PROFONDE

Jusque-là, le calme mental et l'analyse se situaient à chaque extrémité d'une règle. L'un s'affaiblissant légèrement lorsque l'autre s'intensifiait. Mais vous avez

dorénavant la capacité d'alterner stabilisation et méditation analytique, le pouvoir de l'analyse déclenchant une
meilleure souplesse mentale et physique. La stabilité
méditative agit ensuite pour atteindre le calme mental.
Quand le calme mental et la vue profonde opèrent simul-
tanément, à puissance égale, nous désignons ce processus sous le terme « d'union entre le calme mental et
la vue intérieure profonde ». Elle est aussi appelée « la
sagesse issue de la méditation », par contraste avec la
sagesse qui découle de l'écoute, la lecture, l'étude ou
la réflexion.

Au début, vous aspiriez, par la lecture et la réflexion,
à la vacuité. La recherche était avant tout intellectuelle.
Le mental et la vacuité restaient séparés, distincts l'un
de l'autre. Vous êtes au stade où la vacuité se réalise
sans séparation de l'objet et du sujet. Un état méditatif
où la vue profonde et la vacuité sont comme l'eau mêlée
à l'eau.

Progressivement, la distinction subtile entre sujet et
objet disparaît. Le sujet et l'objet deviennent complètement abstraits. Le Bouddha dit : « Lorsque le feu de la
réalité raisonnée prend avec l'analyse correcte de celle-
ci, le bois du concept élaboré est brûlé, comme le feu
qui prend en frottant deux bâtons. »

Réflexion méditative

Les débutants doivent apprendre la méthode ci-dessous pour progresser spirituellement. Elle agit profondément sur le développement personnel. Au début, vous

pouvez alterner la stabilisation méditative avec un peu de méditation analytique afin de vous initier au processus et renforcer la concentration.

1. Concentrer d'abord le mental sur un objet tel qu'une image de Bouddha ou le rythme de la respiration.

2. Suivez le processus de la méditation analytique tel qu'il est proposé dans les quatre étapes pour une méditation sur la nature du « moi ». Soyez attentif et concluez qu'il est impossible de soutenir l'idée que le soi et l'entité corps-esprit forment une unicité ou qu'ils sont distincts :

Ce qui est un : unicité

• Si le « moi » et l'entité corps-esprit forment une unicité parfaite,

• Alors revendiquer un « moi » ne rime à rien.

• Penser à « mon corps » ou « ma tête » ou « mon esprit » est impossible.

• À la disparition du corps et de l'esprit, le soi n'existera plus.

• L'esprit et le corps étant pluriels, les natures ou les soi de la personne seraient aussi pluriels.

• Si le « moi » est un, l'esprit et le corps forment aussi une unicité.

• Comme le corps et l'esprit sont produits par les agrégats et se désintègrent, la logique serait que le « moi » s'engendre intrinsèquement pour se détruire intrinsèquement. Dans ce cas, les effets plaisants des actes positifs ou les effets douloureux des actes négatifs ne produiront aucun fruit, ou bien nous devrions accepter de subir les conséquences d'actes que nous n'avons pas commis.

Différence
• Si le « moi » et l'entité corps-esprit sont complètement distincts,
• Alors le « moi » doit persister après la disparition de l'esprit et du corps.
• Le « moi » n'a pas les caractéristiques de production, continuité et désintégration, ce qui est absurde.
• Le « moi » est illusoire ou permanent, ce qui est absurde.
• Le « moi » ne possède aucune caractéristique physique ou mentale, ce qui est absurde.

3. Dès que vous avez développé légèrement la vue profonde, maintenez-la en stabilisation méditative, appréciez les effets.
4. Lorsque la sensation s'affaiblit, revenez à la méditation analytique et restaurez la sensation pour intensifier plus la vue profonde.
Passer de l'absorption méditative à l'analyse directe vous fera vivre une expérience intérieure d'une grande intensité.

CINQUIÈME PARTIE

VOIR LES ÊTRES ET LES CHOSES TELS QU'ILS EXISTENT

19

Se voir comme une illusion

« Comme les tours de l'illusionniste, les rêves
Ou le reflet de la lune sur la surface de l'eau,
Les êtres et leur environnement sont vides d'exis-
tence inhérente.
Bien qu'ils soient insubstantiels,
Ils apparaissent comme les bulles sortant de l'eau. »

Gung Tang.

Le résultat de l'investigation que vous avez réalisée sur la nature du « moi » et des phénomènes a conforté l'idée qu'ils apparaissent comme ayant une existence inhérente. Mais vous avez compris qu'ils sont vides d'existence intrinsèque, à l'instar des illusions que fait apparaître le magicien et qui n'existent pas telles qu'elles apparaissent. Nagarjuna, dans *La Recommandation de la Guirlande de Joyaux*, dit :

De loin, on ne voit qu'une forme
De près, on voit avec précision.

Quand dans un mirage, on voit de l'eau,
Pourquoi dès qu'on est près ne la voit-on plus ?

Le monde tel qu'il est vu
Réel pour ceux qui sont éloignés
N'est pas le même pour ceux qui sont proches
Pour lesquels il est insubstantiel, un mirage.

L'image d'un visage dans un miroir ressemble à un visage. Mais ce reflet est irréel. De n'importe quel point de vue, il est « vide de visage ». Le magicien fait appel à l'illusion pour nous faire croire à certaines choses, par exemple transpercer avec une épée le corps d'une personne enfermée dans une boîte. Il ne fait rien de tel. De la même façon, les phénomènes, comme les corps et les objets, apparaissent être instaurés d'une manière autonome, mais ils sont vides d'une telle nature et l'ont toujours été.

Cela ne veut pas dire que les phénomènes *sont* illusoires. Ils *ressemblent* plutôt à des illusions. Que le reflet de votre visage ne soit pas le vrai, l'image n'est pas totalement inexistante. Grâce au reflet que le miroir renvoie, vous regardez votre visage tel qu'il est vraiment. Les êtres et les choses non plus ne sont pas complètement inexistants bien qu'ils soient vides d'existence et qu'ils aient une apparence autonome. Ils peuvent œuvrer et être conçus. Par conséquent, être une illusion, ce n'est pas exister tout en n'existant pas réellement, comme ce lapin à cornes [1] qui est une billevesée.

1. « Cornes de lapin » est une expression utilisée dans l'hindouisme pour montrer ce qui est irréel, comme cet autre exemple, « le fils d'une femme stérile » (*NdT*).

Voir les êtres et les choses tels qu'ils existent

Réflexion méditative

1. Rappelez-vous quand vous avez confondu une personne avec son reflet dans un miroir.

2. Ce reflet a l'air réel alors qu'il est faux.

3. Par analogie, les êtres et les choses semblent être autonomes sans dépendre des causes et conditions, de leurs composés ou de la pensée. Or ils ne sont pas indépendants.

4. En cela, les êtres et les choses *ressemblent* à des illusions.

DÉCELER LE CONFLIT QUI EXISTE ENTRE L'APPARENCE ET LA RÉALITÉ

Pour avoir une idée générale du conflit qui existe entre l'apparence et la réalité, j'utilise des illusions, des reflets et des mirages. Réaliser que le visage reflété dans un miroir n'est pas le visage n'implique pas la prise de conscience de la vacuité de l'existence intrinsèque du reflet du miroir. Vous continuez à croire par méprise que la nature du reflet du miroir existe intrinsèquement. Pour savoir si la prise de conscience que le reflet d'un visage dans un miroir est vide de la réalité du visage correspond à la connaissance de la vacuité, transposez cela à d'autres objets – votre corps, votre bras, votre maison ; vous devriez prendre conscience du vide de leur existence inhérente. Ce n'est pas le cas. Car ce n'est pas, vous d'un côté, et les autres qui *sont* illusoires, vous êtes tous *comme* des illusions.

Deux conditions permettent de vous voir, vous et les autres phénomènes, *comme* des illusions : l'apparence erronée des objets comme existant intrinsèquement et l'appréhension que vous, ou la moindre chose prise en compte, n'existe pas de cette façon. Vous êtes au stade où votre pratique de la méditation sur la nature indépendante des phénomènes ne vous permet pas de la déterminer. (Le phénomène *apparaît* encore comme existant intrinsèquement après la méditation.) Or, la force de la précédente prise de conscience vous permet de percevoir que les phénomènes ont une apparence illusoire. Ils apparaissent comme existant intrinsèquement alors que c'est faux. Bouddha dit : « Les choses sont fausses et illusoires. »

Les différences entre l'apparence et la réalité sont nombreuses. Une chose impermanente peut avoir l'air permanente. Les motifs de la douleur, les excès de table par exemple, sont parfois source de plaisir. Mais la douleur finit toujours par se manifester. La cause d'éventuelles souffrances n'est pas perçue avec réalisme : c'est une erreur d'y voir la voie du bonheur. Être heureux est un désir que nous partageons. Sans éliminer l'ignorance, nous ne pouvons pas l'obtenir. Nous refusons la souffrance. Mais nous mettons tout en œuvre pour préparer son lit parce que nous nous méprenons sur ses causes.

Les yeux du public qui assistent à un tour de magie sont captés par le savoir-faire de l'illusionniste. Les spectateurs s'émerveillent devant les chevaux, les éléphants, etc. En acceptant l'apparence de l'existence inhérente, nous exagérons aussi la forme bonne ou mauvaise des phénomènes. Et ainsi nous réagissons avec haine ou désir, amenés à réaliser des actes qui alimentent le karma. Nous acceptons sans réfléchir qu'un « moi » à l'existence non inhérente ait l'air d'être un « moi » à l'existence inhérente.

L'UTILITÉ DE SUIVRE CETTE VOIE

Comprendre que les êtres et les choses sont illusoires aide à restreindre les émotions perturbatrices. L'avidité, la haine, etc., naissent des qualités et des défauts attribués aux phénomènes, au-delà de leur réalité. Par exemple, notre colère s'abat sur quelqu'un et nous pensons : « Il est vraiment minable. » Plus tard, le courroux apaisé, nous devons constater que nous avons été ridicule dans notre appréciation.

La vue profonde ou la perspicacité nous protège contre l'octroi irréaliste de qualités ou de défauts. L'aveuglement diminue et éteint finalement toute propension à l'avidité et à la haine, car ces émotions sont exagérées. Les émotions malsaines éliminées, les vertus et les émotions saines se développent. L'observation des phénomènes à l'aide de la vue profonde est une pratique qui améliore la perception de la vacuité.

Pour élargir aux autres le cercle de l'amour et la compassion, n'oubliez pas que l'amour, la compassion et ceux qui en sont investis sont des illusions comme les tours du magicien, si tangibles alors qu'ils n'existent pas. Les percevoir comme réels contrarie le développement d'une compassion et d'un amour parfaits. Considérez-les plutôt comme des illusions, des apparences qui ne reflètent pas leur nature. Cette perspective renforcera la vue profonde de la vacuité et les sentiments sains d'amour et de compassion. Grâce à cette prise de conscience, vous pourrez pratiquer la compassion avec force.

Réflexion méditative

1. Comme précédemment, le « moi » établi intrinsèquement sera l'objet de votre raisonnement, remémorez-vous ou imaginez une circonstance où vous êtes résolument persuadé de son existence.

2. Remarquez que l'ignorance fait apparaître l'existence inhérente et discernez-la.

3. Réfléchissez profondément au point suivant : si une telle création intrinsèque existe, le « moi » et l'entité corps-esprit forment une unicité ou sont distincts.

4. Constatez l'incohérence de l'unicité du soi et de l'entité corps-esprit ou leur distinction. Analysez et ressentez l'absurdité de ces deux hypothèses :

Unicité

Si le « moi » et l'entité corps-esprit forment une unicité parfaite,

Alors, revendiquer un « moi » ne rime à rien.

Penser à « mon corps » ou « ma tête » ou « mon esprit » est impossible.

À la disparition du corps et de l'esprit, le soi n'existera plus.

L'esprit et le corps étant pluriels, les natures ou les soi de la personne seraient aussi pluriels.

Si le « moi » est un, l'esprit et le corps forment aussi une unicité.

Comme le corps et l'esprit sont produits par les agrégats et se désintègrent, la logique serait que le « moi » s'engendre intrinsèquement pour se détruire intrinsèquement. Dans ce cas, les effets plaisants des actes positifs ou les effets douloureux des actes négatifs ne produiront aucun fruit, ou bien nous devrions accepter de subir les conséquences d'actes que nous n'avons pas commis.

Différence

• Si le « moi » et l'entité corps-esprit sont complètement distincts,

• Alors le « moi » doit persister après la disparition de l'esprit et du corps.

• Le « moi » n'a pas les caractéristiques de production, continuité et désintégration, ce qui est absurde.

• Le « moi » est illusoire ou permanent, ce qui est aussi absurde.

• Le « moi » ne possède aucune caractéristique physique ou mentale, ce qui est également absurde.

5. Un tel « moi » étant indécelable, décidez fermement : « Ni moi ni personne d'autre ne sommes établis intrinsèquement. »

6. Méditez un instant sur la signification de la vacuité, concentrez-vous sur l'absence de nature inhérente.

7. Puis, de nouveau, laissez les apparences des êtres envahir votre esprit.

8. Réfléchissez sur le principe suivant : à cause de la production conditionnée, les êtres réalisent des actes, alimentent ainsi leur karma et sont confrontés aux effets de ces actes.

9. Vérifiez le principe que l'apparence des êtres est réelle et vraisemblable en l'absence d'existence inhérente.

10. Quand la réalité et la vacuité deviennent contradictoires, prenez l'exemple de l'image du visage dans le miroir :

L'image d'un visage, dans un miroir, dépend du visage et du miroir, alors que le reflet est vide d'œil, d'oreille, etc. Le reflet s'évanouit en l'absence du miroir ou du visage.

De même, l'être n'a pas une parcelle d'existence inhérente. Pourtant, il n'est pas contradictoire qu'il entreprenne des actes, accumule du karma et en subisse les effets, puis qu'il renaisse conditionné par le karma et les afflictions mentales.

11. Essayez de voir l'absence de différence entre la réalité et la vacuité chez les êtres et les choses.

20

Être attentif au rôle primordial de la pensée

« Il y a ici une multitude de fleurs épanouies et fascinantes
De palais merveilleux aux éclats d'or
Mais ils n'ont aucune existence inhérente.
Elles ont été créées par le pouvoir de la pensée.
Par la puissance de l'élaboration conceptuelle, le monde est instauré. »

Bouddha.

Si vous avez une idée rudimentaire sur la subordination à la pensée, vous vous demanderez si l'apparence familière des êtres et des choses dépend ou non de la pensée. Quand les émotions nous affectent à un degré subtil, il est difficile de savoir comment elles se perpétuent. Prenez ce moment où vous ressentez une profonde haine ou un désir intense. Haïr ou désirer une chose ou quelqu'un est un acte substantiel, parfois inaltérable, n'est-ce pas ? En examinant la situation, vous comprenez

qu'il n'y a pas d'autres alternatives que l'assujettissement des phénomènes à la pensée. Vous trouvez qu'ils
ont l'apparence d'exister selon leur propre nature.

À trente-cinq ans, je méditais sur le sens d'un passage
dans un commentaire de Tsongkhapa sur l'existence
d'un « moi », homogène ou distinct de l'entité corps-
esprit, et sa relation avec l'élaboration de concepts.
Voici le passage :

> Une corde mouchetée et enroulée peut se
> confondre avec un serpent qui se love. En aper-
> cevant cette corde dans un endroit peu éclairé,
> on pense immédiatement : « C'est un serpent ! »
> On voit un serpent, alors que la corde et le
> moindre de ses composés n'ont rien de commun
> avec lui. On conclut alors qu'il est né d'une
> simple élaboration conceptuelle. De même,
> quand la pensée « moi » se manifeste en dépen-
> dance avec l'esprit et le corps, il n'y a aucun
> lien : pas d'accumulation temporelle ou conti-
> nuum entre les instants passés et futurs, pas d'ac-
> cumulation d'agrégats à un moment donné, ni
> d'agrégats séparés, pas de continuum individuel
> des agrégats. Il n'y a pas la moindre chose qui
> soit une entité distincte de l'esprit et du corps
> et qui soit appréhendable comme le « moi ». En
> conséquence, le « moi » est né *tout simplement*
> d'un concept élaboré en interdépendance avec
> l'esprit et le corps. Il n'est pas instauré selon sa
> propre nature.

Subitement, une lumière a envahi ma poitrine. J'étais très impressionné. Les semaines qui suivirent, les gens que je rencontrais n'étaient plus que des illusions créées par un magicien. En apparence, ils avaient une existence inhérente. Mais je savais que ce n'était pas la réalité. C'est ainsi que j'ai commencé à prendre conscience que le refus de l'existence du « moi » et des autres phénomènes agit effectivement sur l'apparition des émotions perturbatrices. Chaque matin, je médite sur la vacuité. Je me remémore cette expérience pour qu'elle soit une inspiration dans mes activités quotidiennes. Dès que je pense ou dis « moi » dans le contexte d'une « obligation à faire ceci ou cela », cette impression surgit. Mais je ne revendique pas encore une pleine connaissance de la vacuité.

INSTAURATION À PARTIR DE L'ÉLABORATION D'UN CONCEPT

Au commencement, de jolies fleurs ou une belle maison apparaissent comme exister dans la conscience selon leur propre nature. Mais finalement, sur quoi repose l'affirmation d'une telle réalité ? Il faut rechercher leur origine dans la perception mentale. Cela touche l'ensemble des phénomènes. Leur examen démontre qu'ils ne sont pas autonomes, en dépit de leurs apparences.

Notre jugement sur leurs aspects bénéfiques et nuisibles, qui repose sur la conscience, révèle leur existence. Ils n'ont pas d'indépendance, ne sont pas et ne seront jamais autonomes. Ils sont l'apanage du mental soumis au pouvoir des conventions mondaines.

Dans l'extrait choisi au début de ce chapitre, Bouddha dit que le monde repose sur la pensée conceptuelle. Aryadeva, dans *Les Quatre Cents stances*, le corrobore :

> Désir et autres sentiments
> N'existent pas sans élaboration conceptuelle,
> Alors qui peut intelligemment soutenir
> Que les objets sont à la fois réels et conceptuels ?

Dans le commentaire de cette stance, Candrakirti indique que le phénomène existe par la seule émission d'une pensée conceptuelle :

> La conception est à l'origine de l'existence des choses. Sans élaboration de concepts, elles n'existent pas. La probabilité qu'elles soient établies selon leur propre nature est définitivement écartée. À l'image d'un serpent confondu avec une corde lovée.

Examiner le sens

Pourquoi les maîtres indiens et tibétains insistaient-ils tant sur l'importance de la pensée conceptuelle ? Accepter une pensée conceptuelle est très délicat, avant d'avoir une connaissance profonde de la nature de chaque objet. À partir de là, la pensée sera élaborée correctement. La vitesse à laquelle votre pensée opère n'a aucune influence. Le temps pour élaborer toutes les pensées nécessaires à la perception visuelle d'un seul instant est incalculable.

En effet, des phénomènes extérieurs agissent sur le processus qui génère leur prise de conscience. Quand nous voyons un arbre, nous percevons son environnement. La subordination à la pensée ne contraint pas à l'élaboration d'une pensée conceptuelle pour chaque chose. Cela serait absurde. En conséquence, je crois que le monde de la pensée conceptuelle correspond à l'idée que les objets, n'étant pas en lien avec une conscience, ne peuvent pas avoir de réalité autonome. Il en résulte que le monde – l'ensemble des phénomènes, êtres et choses – est bâti sur la pensée conceptuelle.

Les effets sont clairement dépendants des causes. Mais les causes dépendent subtilement des effets. Chaque cause est, en soi, l'effet des propres causes qui la précèdent. Par conséquent, elles sont conditionnées par leurs causes respectives. Le bouddhisme affirme que les effets naissent conditionnés par les causes. Ici, cause et effet entrent dans la temporalité, l'effet se produit suite à une cause. C'est la notion de production conditionnée dans le sens de *production dépendante*.

Cette idée philosophique suprême dans le bouddhisme contient un sens additionnel : c'est en fonction de ses effets qu'une chose est qualifiée de cause, dans le sens où la cause est conditionnée par ses effets. Une chose n'a pas en elle-même la nature d'une cause. Elle est appelée « cause » par rapport à son effet. L'effet ne se produit pas avant la cause. Et la cause ne se manifeste pas antérieurement à l'effet. Quelque chose est appelé « cause » dans la perspective des effets qui vont advenir. C'est la production conditionnée ou l'interdépendance, dans le sens de la *dépendance à l'appellation d'origine*.

Nagarjuna, dans le *Traité fondamental sur la Voie du Milieu appelée « Sagesse »*, dit :

> Celui qui agit est conditionné par l'acte
> Et l'acte qui existe dépend de l'acteur.
> En dehors de la production conditionnée, nous n'observons
> aucune autre cause à leur instauration.

Facteur et acte sont interdépendants. L'acte présuppose la dépendance à un facteur, et le facteur présuppose la dépendance à un acte. L'acte s'instaure en dépendant d'un facteur, et le facteur s'instaure en dépendant d'un acte. Cette dépendance ne se compare pas avec la causalité puisque leur production respective ne s'effectue pas dans un ordre de préséance.

Pourquoi les choses sont généralement liées ? Pourquoi la cause est liée à son effet ? Parce qu'elles ne sont pas établies selon leur propre nature. Si elles l'étaient, la cause ne serait pas obligée de dépendre de son effet. Malgré l'attribution mentale d'une entité propre à chaque chose dans la vie quotidienne, il n'y a pas de causes autonomes, et elles n'ont donc rien d'intrinsèque si nous les analysons. Les choses sont sous l'influence d'autres choses qu'elles-mêmes. La chose est donc qualifiée de cause en fonction de l'effet qu'elle produit. Ce cheminement nous fait prendre conscience que la perception la plus subtile de la production conditionnée est la dépendance à l'appellation d'origine.

Après un pèlerinage au mont Shri Parvata, lieu où Nagarjuna acheva sa vie, j'ai effectué récemment, dans le sud de l'Inde, le rituel d'initiation au Kâlacakra (Roue du temps) pour un large public. J'y ai évoqué le commentaire de Tsongkhapa, *La Louange de la production conditionnée* sur l'enseignement de Nagarjuna, le *Traité fondamental sur la Voie du Milieu appelée « Sagesse »*. J'arrivais au moment où Tsongkhapa dit :

> Quand Bouddha dit : « Ce qui est conditionné
> Est vide d'existence inhérente »,
> N'y a-t-il rien de plus incroyable
> Que ce merveilleux message !

J'ai pensé : « C'est ainsi ! » Voilà ma réflexion : en effet, peu d'animaux connaissent la production conditionnée de la causalité. Pour nous autres humains, la production conditionnée de la cause et l'effet est incontournable. En allant plus loin dans la réflexion, nous comprenons que la production conditionnée de causalité vient de la dépendance à l'appellation d'origine, qui fait référence à l'absence de nature de la cause et de l'effet. S'ils sont sans existence propre, ils ne doivent pas être désignés l'un en fonction de l'autre. Buddhapalita, disciple de Nagarjuna, dit en commentant le vingt-deuxième chapitre du *Traité fondamental sur la Voie du Milieu appelée « Sagesse »* :

Si les choses existent selon leur propre nature,
quel besoin y aurait-il de poser le principe de
dépendance ?

En effet, si une chose existe selon sa propre nature,
cela devrait suffire. On dirait simplement : « C'est
cela », sans faire aucun lien avec autre chose. Et pourtant, le postulat d'un lien de dépendance à autre chose
doit être posé car cette autre chose n'est pas instaurée
selon sa propre nature. Tsongkhapa a une approche
similaire dans *Les Trois Aspects majeurs de la Voie de
l'Illumination* :

> En sachant que les prises de conscience de la
> production conditionnée et de la vacuité mon-
> trent qu'elles existent simultanément sans
> alternance,
> Ce savoir incontestable détruit complètement le
> mode d'appréhension de l'existence intrinsèque,
> En admettant que la production conditionnée
> est irrécusable.
> À ce moment de l'analyse, la perception de la
> réalité est absolue.

La réflexion sur l'interdépendance qui règne au sein
de la production conditionnée de la causalité consolide
l'idée que les phénomènes sont des dénominations, des
allégations, et rien de plus. En comprenant qu'une
simple allégation peut infirmer l'idée que les phénomènes existent selon leur propre nature, les efforts pour
arriver à comprendre la conception bouddhiste de la réalité aboutissent. J'espère en être proche.

Avec la réalité absolue, vous n'êtes plus la proie des apparences. Pour les sens et le mental, les objets sont instaurés par dépendance à la pensée conceptuelle. Vous aurez abandonné l'idée que les phénomènes existent selon leur propre nature. Vous prendrez conscience de la vacuité, l'absence d'existence inhérente prévalant au-delà de ce foisonnement de problèmes nés du sentiment que les phénomènes existent intrinsèquement. Elle sera le meilleur antidote à l'illusion.

Réflexion méditative

1. Revenez à un moment où vous étiez inondé de haine ou de désir.

2. La personne ou l'objet désiré ou haï était-il particulièrement substantiel et très concret ?

3. Dans ce cas, vous ne pouvez pas prétendre que vous avez perçu les phénomènes comme dépendants de la pensée.

4. Vous les voyez comme existant selon leur propre nature.

5. Rappelez-vous qu'une méditation fréquente sur la vacuité sert à s'opposer à l'apparence erronée des phénomènes.

COMMENT CETTE PRISE DE CONSCIENCE SERT-ELLE
À DÉFINIR L'EXISTENCE INHÉRENTE ?

La philosophie bouddhiste affirme que l'existence et
la non-existence reposent sur la vérité absolue. De ce
point de vue, l'objet et le sujet ont un pouvoir analogue.
Le courant philosophique bouddhiste suprême, appelé
École de la Voie médiane (*Madhyamika*), qui inclue
l'École des Conséquentialistes (*Madhyamika prasangika*), adopte ce point de vue. Ils ajoutent qu'une
conscience bien fondée ne peut pas concevoir que les
choses existent selon leur propre nature, mais qu'elles
sont plutôt dépendantes de la pensée conceptuelle. Rien
n'existe sauf ce qui est conçu par l'élaboration conceptuelle. Chaque chose est perçue en lien avec le mental
– le mental en est l'auteur.

Pour cette raison, les sutras bouddhistes avancent que
le « moi » et les autres phénomènes existent par le seul
pouvoir de la pensée conceptuelle. Le « moi » est instauré sous la dépendance du corps et de l'esprit. Mais
l'esprit et le corps ne sont pas analogues au « moi »,
comme le « moi » n'est pas non plus analogue à l'esprit
et au corps. Il n'y a rien dans l'esprit et le corps (en
relation avec ce qui instaure le « moi ») qui soit le
« moi ». En conséquence, le « moi » dépend de la pensée conceptuelle. Lui et l'ensemble des phénomènes
sont créés par le mental. Une fois que vous aurez

compris cela, vous aurez une petite idée sur l'existence non inhérente des êtres. Ils sont seulement dépendants. En général, les phénomènes ne semblent pas être sous l'influence de l'élaboration conceptuelle, mais ils ont l'apparence d'exister selon leur propre nature. Vous penserez alors : « Ah ! Voilà ce que je dois réfuter. »

Réflexion méditative

Réfléchissez au fait que :

1. Le « moi » est instauré sous la dépendance de l'esprit et du corps.

2. Or, le corps et l'esprit ne sont pas le « moi », comme le « moi » n'est pas le corps et l'esprit.

3. Par conséquent, le « moi » dépend de la pensée conceptuelle, il est instauré par le mental.

4. La notion que le « moi » dépend de la pensée implique que le « moi » n'existe pas selon sa nature.

5. Remarquez que vous comprenez mieux l'idée qu'une chose existe selon sa propre nature ; l'existence inhérente qui doit être réfutée, c'est l'objectif de la prise de conscience de la vacuité.

Sixième partie

APPROFONDIR L'AMOUR
AVEC LA VUE PROFONDE

21

Ressentir l'empathie

« Saluez la compassion pour les êtres migrants
Impuissants comme le seau jeté et remonté du puits
Exagérant l'importance du *moi*
Ils génèrent de l'attachement aux choses :
Cela-est-à-moi. »

Candrakirti, *Addendum.*

Bien qu'il soit nécessaire dès le début d'avoir une forte volonté pour arriver à développer l'amour et la compassion, celle-ci n'est pas suffisante pour développer des comportements altruistes sans limites. La pratique de l'amour et la compassion doivent être effectuées grâce à la vue profonde. Quelle que soit la personne que vous voulez aider, sans vue profonde vous ne serez pas lucide sur le bénéfice de vos efforts. Combiner un cœur généreux avec un esprit bienveillant est la meilleure solution. Les deux vont agir de concert, et vous obtiendrez beaucoup.

MÉTAPHORE À MÉDITER

Dans la stance citée au début de ce chapitre, Candra-kirti montre comment la vue profonde sert à accroître l'amour grâce à la compréhension du processus de la souffrance. Il compare ce processus au va-et-vient du seau jeté et remonté du puits. Combien d'êtres humains sont nés pour vivre une vie analogue à celle du seau dans le puits ? Il y a six points communs.

1. Comme le seau attaché à une corde, les êtres humains sont liés aux afflictions mentales et aux actes qu'elles induisent.

2. Comme le va-et-vient du seau dans le puits soumis à l'action d'un opérateur, l'esprit non maîtrisé est soumis au processus du cycle de l'existence, surtout s'il croit à tort à l'existence inhérente du « moi », donc à la nature erronée du « mien ».

3. Comme le va-et-vient incessant du seau dans le puits, les êtres sensibles ne cessent d'errer dans le grand puits du cycle des renaissances, d'un état éphémère de joie à un état ponctuel de profonde peine.

4. Comme pour tirer le seau hors du puits, un grand effort est indispensable, et le rejeter est plus facile, ainsi les êtres sensibles doivent faire des efforts de volonté pour s'élever vers le bonheur, alors qu'ils retombent facilement dans une situation douloureuse.

5. Comme le seau qui ne contrôle pas son va-et-vient, les facteurs induisent l'évolution de l'individu. Ils sont le résultat de l'ignorance, l'attachement et l'avidité de vies antérieures. Et ils créent sans cesse d'autres problèmes qui interféreront au cours des futures renaissances, comme le ressac des vagues de l'océan.

6. Comme le seau se cognant sur les parois du puits lors des va-et-vient, l'être sensible est malmené, jour après jour, par les souffrances dues au changement et à la peine, enfermé dans un processus qu'il ne contrôle pas.

La métaphore de Candrakirti offre une vue profonde sur le processus détaillé qui règle le cycle de l'existence.

Commencez par utiliser les informations sur le cycle de l'existence pour votre vie, afin de comprendre la situation dans laquelle vous êtes. Puis développez une forte volonté pour briser la dynamique des problèmes récurrents. Si vous ne vous préoccupez plus de votre propre errance dans le cycle incontrôlé du dépérissement, alors vous pourrez vous intéresser au processus de souffrance des autres êtres sensibles, vous trouverez que leurs peines sont insupportables, et vous ressentirez qu'ils ont besoin d'aide pour s'extraire de cet abîme.

Réflexion méditative

Concentrez-vous sur un ami et ressentez en pensant :

1. Comme le seau est attaché à une corde, cette personne est liée aux afflictions mentales et aux actes qu'elles induisent.

2. Comme le va-et-vient du seau dans le puits soumis à l'action d'un opérateur, le processus du cycle de l'existence de cette personne est soumis à son esprit non maîtrisé, surtout s'il ou elle croit à tort à son existence inhérente, donc à la nature erronée du « mien ».

3. Comme le va-et-vient incessant du seau dans le puits, cette personne ne cesse d'errer dans le grand puits du cycle des renaissances, d'un état éphémère de félicité à un état provisoire de peine profonde.

4. Comme pour remonter le seau du puits, il faut faire un grand effort, et le rejeter est plus facile, ainsi cette personne doit faire des efforts pour s'élever vers le bonheur, alors qu'elle ou il retombe facilement dans une situation douloureuse.

5. Comme le seau qui ne contrôle pas son va-et-vient, ainsi les facteurs qui induisent l'évolution de cette personne sont le résultat de l'ignorance, de l'attachement et de l'avidité de vies antérieures. Dans cette vie, ces facteurs créent sans cesse d'autres problèmes qui rejailliront au cours de ses futures renaissances, tel le ressac des vagues de l'océan.

6. Comme le seau se cognant sur les parois du puits lors des va-et-vient, cette personne est malmenée, jour après jour, par les souffrances dues au changement et à la peine, enfermée dans un processus qu'il ou elle ne contrôle pas.

Élargir la vue profonde aux autres

Vous avez découvert l'emprisonnement dans l'engrenage de la misère. L'acquisition d'une telle perspicacité pourrait servir à aider les êtres humains plongés dans la détresse et la souffrance. Néanmoins, savoir comment les êtres souffrent est insuffisant pour déclencher la compassion et l'amour. Il faut développer une profonde empathie pour eux. Plus l'appréhension de cette souffrance néfaste est profonde, plus vous serez heureux ! Tsongkhapa dit :

> Si vous concevez la souffrance comme une ennemie dans ce monde, non seulement elle ne sera pas insupportable, mais vous vous en réjouirez. Quand des personnes ne vous ayant ni accordé de l'aide ni nui sont dans la peine, dans la plupart des cas, vous n'y prêtez pas attention. Cette réaction traduit un manque d'affection envers elles. Un ami est dans la peine et c'est insupportable. L'intolérance est mesurée à l'aune de l'amitié. Pour cela, il est indispensable de susciter un sentiment puissant d'amour et d'affection pour les êtres sensibles.

L'amour intense et la compassion profonde s'érigent sur le respect des autres. L'empathie s'exprime par la reconnaissance d'une aspiration commune entre vous et les autres, amis, ennemis ou personnes neutres, qui est la recherche du bonheur et le refus de la souffrance. Peu importe si la souffrance et le bonheur sont perçus différemment. Soyez conscient que chacun a été votre mère et votre meilleur ami à un moment donné de l'enchaînement illimité des vies. (J'ai expliqué ce point de vue dans *Leçons d'amour. Comment élargir le cercle de nos relations affectives*.)

L'amour et la compassion se renforcent avec le sens de l'amitié et de l'affection envers chacun, et la perspicacité sur la situation des êtres sensibles qui errent impuissants dans le cycle de l'existence. Les facteurs d'amour et de compassion, et le désir de se consacrer au bonheur des autres se forment sans obstacle sous l'influence de l'intimité et de la perspicacité.

Réflexion méditative

Concentrez-vous sur un ami pour cultiver les trois niveaux spirituels de l'amour :

1. Cette personne recherche le bonheur, mais elle en est démunie. Ne serait-ce pas merveilleux si elle était touchée par le bonheur et ses causes !

2. Cette personne recherche le bonheur, mais elle en est démunie. Qu'elle soit touchée par le bonheur et ses causes !

3. Cette personne recherche le bonheur, mais elle en est démunie. Je ferai tout ce que je peux pour qu'elle soit touchée par le bonheur et ses causes !

Approfondissez les trois niveaux spirituels de la compassion :

1. Cette personne recherche le bonheur et veut s'affranchir de la souffrance alors qu'elle est accablée de douleur. Si cette personne pouvait au moins se délivrer de cette souffrance et de ses causes !

2. Cette personne recherche le bonheur et veut s'affranchir de la souffrance alors qu'elle est accablée de douleur. Que cette personne soit délivrée de cette souffrance et de ses causes !

3. Cette personne recherche le bonheur et veut s'affranchir de la souffrance alors qu'elle est accablée de douleur. Je veux aider cette personne à se libérer de cette souffrance et de ses causes !

Cultivez maintenant l'engagement suprême :

1. Le cycle de l'existence est induit par l'ignorance.

2. Par conséquent, il est réaliste que je travaille à atteindre l'illumination pour que j'aide les autres à suivre cette même voie.

3. Même si je suis le seul à m'y consacrer, je m'engage à libérer l'ensemble des êtres sensibles de la souffrance et de ses causes, et à leur apporter le bonheur et ses causes.

Un par un, concentrez-vous sur chaque être – les amis, puis les personnes neutres, et enfin les ennemis, en débutant par le plus insignifiant –, et répétez cet exercice. Cela prendra des mois et des années, mais le bénéfice de cette pratique est incommensurable.

22

Méditer sur l'impermanence

> « Au Tibet, des pratiquants qui effectuaient leur retraite
> méditèrent si profondément sur l'impermanence
> Qu'ils ne nettoyaient plus leurs bol et assiette après le souper. »
>
> Patrül Rinpoché, *Parole sacrée.*

Ce chapitre est consacré à l'impermanence, le premier des deux grades supérieurs de la perspicacité dans le processus du cycle de l'existence. Le second, la vacuité, sera abordé dans le chapitre suivant.

Métaphore pour l'impermanence

Le reflet de la lune miroite sur l'eau d'un lac qui se ride sous la brise. Le large fleuve de l'ignorance qui charrie la croyance erronée de l'existence inhérente de l'entité corps-esprit se jette dans le lac du « moi » erroné comme s'il existait intrinsèquement. Le lac est agité sous le vent de la pensée perturbatrice et des actes salutaires et néfastes. Le miroitement du reflet de la lune symbolise le degré grossier de l'impermanence relatif à la mort, et le degré plus subtil relatif à la lente dégradation qui gouverne les êtres sensibles. L'ondulation étincelante des vagues caractérise l'impermanence à laquelle les êtres sensibles sont assujettis. Les êtres humains doivent être perçus ainsi. La méditation sur cette métaphore développera la vue profonde sur l'inanité de la souffrance des êtres parce qu'ils sont en désaccord avec leur propre nature. Cette perspicacité à son tour stimule l'amour et la compassion.

Prendre conscience de l'impermanence

Nous sommes prisonniers de l'illusion de la permanence. Nous sommes ainsi persuadés qu'il nous reste beaucoup de temps à vivre. Cette croyance erronée est un danger majeur. Ces atermoiements gâchent nos vies, en particulier lorsqu'elles sont soumises à l'attrait excessif des loisirs et des activités professionnelles. La méditation sur l'impermanence est un bon antidote pour lutter contre cette tendance. D'abord en réfléchissant sur la

mort qui peut intervenir à tout moment, puis sur la sin-
gularité de la nature passagère de notre vie.

La haine et le désir se manifestent à cause de notre
attachement au flot des événements de la vie. Un sentiment d'immortalité nous habite. Cette attitude nous
pousse à nous intéresser à des choses superficielles : les
biens matériels, les amitiés et les situations provisoires.
La réflexion sur la proximité du dernier jour triomphera
de l'ignorance. Rien n'indique que vous allez mourir la
nuit prochaine. La prise de conscience de la mort vous
sensibilisera au fait que vous *pourriez* mourir ce soir.
Avec cette démarche, vous choisirez d'agir au mieux
pour contribuer à cette vie et la suivante, au lieu de vous
consacrer aux choses futiles qui agrémentent le quotidien. L'éventualité du trépas réprime la tentation de
commettre des actes nuisibles aux conséquences nombreuses dans cette vie et les prochaines. Vous serez stimulé pour cultiver des idées qui agiront comme des
antidotes contre les différentes manifestations d'un mental non maîtrisé. Vivre un jour, une semaine, un mois
ou une année aura un sens. Les pensées et les actes
auront un but salutaire à long terme. Si vous demeurez
sous l'illusion de la permanence, vos préoccupations
seront, à l'inverse, futiles. Vous encourez un grand
danger.

L'idée que les choses ne cessent de changer prédispose à une évolution plus favorable. Les situations
immuables conserveraient à jamais leur fonds de souffrance. La prise de conscience que tout change est un

réconfort dans l'adversité. Cette situation ne perdurera pas, et c'est une aubaine.

Voilà une autre caractéristique du cycle de l'existence, disperser à terme ce qui a été rassemblé : parents, frères, sœurs et amis. Peu importe la force de leur amour, les amis peuvent être désunis. Gourous et disciples, parents et enfants, frères et sœurs, maris et épouses, et les meilleurs amis : peu importe ce qu'ils sont, ils seront finalement dispersés. La perte concerne aussi la richesse et les ressources que nous avons accumulées. Fussent-elles extraordinaires, elles ne servent finalement à rien. La brièveté de la vie nous obligera à l'abandon de nos richesses. Le philosophe et yogi indien Santideva est éloquent quand il évoque l'impermanence. Il pense que la vie la plus extraordinaire est un rêve plaisant. Au réveil, seul un souvenir perdure. Bouddha dit, dans *Le Sutra du Tailleur de diamant* :

> Regarder les choses conçues à partir des causes
> Comme des étoiles scintillantes, des inventions
> d'un œil invalide,
> La flamme oscillante d'une lampe à beurre, illu-
> sions magiques,
> Rosée, bulles d'eau, rêves, éclairs et nuages.

Quand je commence une conférence face à une foule d'auditeurs qui pointent leurs yeux vers moi en s'émerveillant de ma sagesse et de ma clairvoyance, je ressasse ces vers sur la fragilité des choses. Puis je claque des doigts. Ce son incisif symbolise l'impermanence. C'est ainsi que je me rappelle que je quitterai bientôt cette position. Pour l'humain la vie est synonyme d'une mort annoncée. Il n'a pas d'autre issue, et il doit vivre en conformité avec sa nature, emprisonné dans le cycle de l'existence. Les choses sont merveilleuses, mais elles sont instaurées selon leur véritable nature. Elles finiront par dégénérer. Bouddha dit : « Prends conscience que le corps est impermanent comme un pot en terre. »

La chance n'est pas éternelle. Il est donc dangereux de s'attacher trop aux choses qui vont bien. L'éclairage de la permanence est nuisible. Si le présent vous préoccupe, le futur n'a plus d'importance. Vous tronquez alors le moindre engagement possible dans l'exercice de la compassion pour favoriser l'illumination future des autres. En revanche, l'éclairage de l'impermanence procure une inspiration idoine.

Non seulement la mort adviendra, mais, en plus, vous n'en connaissez pas le moment. Préparez-vous de façon à n'avoir nul regret si elle vous fauche demain. Raffermir le sentiment de l'imminence de la mort assoit, au fur et à mesure, l'idée qu'il faut user du temps avec sagesse. Nagarjuna, dans *La Recommandation de la Guirlande de Joyaux*, dit :

> La mort et ses causes rôdent autour de vous,
> Comme la brise caresse la flamme d'une lampe.
> Dépossédé de vos richesses,
> Impuissant devant la mort, vous allez migrer,
> Ce cheminement doit être utile à la pratique spirituelle
> Qui précède l'obtention d'un bon karma.

Perpétuer l'idée de la fugacité de la vie aide à mieux gérer le temps qui passe et à se consacrer à ce qui est utile. L'engagement dans la pratique spirituelle s'impose avec la perspective de la proximité de la mort. Il bonifie l'esprit pour ne pas gaspiller son existence en vaines distractions : boire et manger, discourir sans fin sur la guerre, les histoires d'amour ou les ragots.

Une personne incapable d'affronter le simple mot *mort* n'en a pas conscience. L'instant critique de la mort est implacable et effrayant. Ceux qui ont longuement réfléchi à son imminence l'accueillent sans regret. L'esprit averti de l'imprévisibilité de la mort est paisible, maîtrisé et vertueux. Il néglige les frivolités de cette courte vie.

Nos existences portent tous les sceaux de l'impermanence et de la souffrance. Il est insensé d'être belliqueux les uns envers les autres quand on comprend ce que nous partageons. Prenez un groupe de prisonniers condamnés à être exécutés. À la fin de la période commune de détention, ils mourront. Quel sens y a-t-il à se quereller durant les derniers jours de leur existence ? Comme ces prisonniers, nous sommes mis au pilori de la souffrance et de l'impermanence. Face à cette adversité, il est absurde de se quereller ou de gâcher notre énergie mentale ou physique pour accumuler de l'argent ou des biens.

Réflexion méditative

Au plus profond de vous-même réfléchissez au fait que :
1. Je vais mourir. La mort est inévitable. Mon temps de vie s'écoule et atteindra sa limite.

2. La mort est incertaine. À chacun sa durée de vie. Les causes de la mort sont légion et les causes de la vie sont rares en comparaison. Le corps est fragile.

3. Au dénouement fatal, rien ne vous aidera sauf une rectification de votre attitude. Les amis ne sont d'aucun secours. L'argent est aussi inutile que l'enveloppe corporelle.

4. Chacun arrive à ce passage périlleux. Dès lors, rien ne sert de se quereller, se battre, gâcher son énergie mentale ou physique à accumuler de l'argent et des biens.

5. Je m'exercerai dès à présent à réduire mon attachement à des lubies passagères.

6. Au tréfonds de mon cœur, je cherche à m'affranchir du cycle de la souffrance suscité par la conception erronée que l'impermanence est permanente.

L'impermanence subtile

La matière qui constitue les objets se délite sans cesse. La conscience intérieure qui nous permet d'observer ces objets extérieurs s'effrite sans cesse. Telle est la nature de l'impermanence subtile ! Les physiciens des particules n'admettent pas le principe d'une apparence solide des objets, une table par exemple. Ils étudient l'évolution des particules les plus infimes.

Le bonheur ordinaire ressemble à une goutte de rosée accrochée à la pointe d'un brin d'herbe. Il se dissipe rapidement. L'évaporation est le signe d'une impermanence assujettie à d'autres forces, causes et conditions. Elle montre aussi l'impossibilité de tout ordonner. Quoi que vous fassiez dans la contrainte du cycle de l'existence, vous n'échapperez pas aux multiples expressions de la douleur. La prise de conscience de la véritable nature des choses, l'impermanence, protège contre le traumatisme du changement quand il advient, et même, contre la mort.

Réflexion méditative

1. Mon esprit, mon corps, mes biens et la vie sont impermanents car ils résultent des causes et conditions.

2. Ces mêmes causes sont à l'origine de l'instauration de l'esprit, du corps, des biens et de l'existence, et ils entraînent leur délitement progressif.

3. La nature impermanente des choses prouve un manque d'autonomie et l'assujettissement à une influence externe.

4. Se méprendre sur la constance d'une chose, alors qu'elle se délite avec les instants qui passent, me fait souffrir ainsi que les autres.

5. Au tréfonds de mon cœur, je cherche à m'affranchir du cycle de la souffrance suscité par la conception erronée que l'impermanence est permanente.

ÉLARGIR CETTE PRISE DE CONSCIENCE AUX AUTRES

L'idée de permanence et l'égoïsme nous mènent au désastre. Les exercices les plus efficaces conjuguent les méditations sur l'impermanence et la vacuité, avec l'amour et la compassion. C'est pourquoi Bouddha insiste sur l'idée que l'oiseau, durant son vol vers l'illumination, bat des ailes de la sagesse et de la compassion.

Vous comprenez par expérience le désarroi des êtres sensibles qui errent dans le cycle de l'existence. Vous avez vécu des errements identiques par ignorance de la nature de l'impermanence. Voyez leur inimaginable souffrance et la façon dont chacun de nous recherche le bonheur et refuse la souffrance. Ils furent vos meilleurs amis, vous apportant de la bonté, d'une vie à l'autre. Dans la multitude des vies, vous étiez intimes. Vous avez donc le devoir de les aider à être heureux et à s'affranchir de la souffrance par la culture de l'amour suprême et la grande compassion.

Pendant mes séjours à l'hôtel dans de grandes métropoles, j'observe la circulation de ma chambre quand elle est située à un étage élevé. À mes pieds, des centaines et des milliers de véhicules roulent de-ci, de-là. Alors je médite : bien qu'ils soient impermanents, ils pensent « *Je* veux être heureux », « *Je* dois faire ce travail », « *Je* dois gagner cet argent », « *Je* dois faire cela ». Ils s'égarent en s'imaginant être permanents. Cette pensée suscite ma compassion.

Réflexion méditative

Concentrez-vous sur un ami et ressentez profondément ce qui suit :

1. Son esprit, son corps, ses biens et sa vie sont impermanents car ils résultent des causes et conditions.

2. Ces mêmes causes sont à l'origine de l'instauration de l'esprit, du corps, des biens et de l'existence, et elles entraînent leur délitement progressif.

3. La nature impermanente des choses prouve un manque d'autonomie et l'assujettissement à une influence externe.

4. L'ami(e) qui se méprend sur la constance d'une chose, alors qu'elle se délite avec les instants qui passent, souffre et fait souffrir les autres.

Maintenant cultivez les trois niveaux spirituels de l'amour :

1. Cette personne recherche le bonheur, mais elle en est démunie. Ne serait-ce pas merveilleux si elle était touchée par le bonheur et ses causes !

2. Cette personne recherche le bonheur, mais elle en est démunie. Qu'elle soit touchée par le bonheur et ses causes !

3. Cette personne recherche le bonheur, mais elle en est démunie. Je ferai tout ce que je peux pour qu'elle soit touchée par le bonheur et ses causes !

Maintenant approfondissez les trois niveaux spirituels de la compassion :

1. Cette personne recherche le bonheur et veut s'affranchir de la souffrance alors qu'elle est accablée de douleur. Si cette personne pouvait au moins se délivrer de cette souffrance et de ses causes !

2. Cette personne recherche le bonheur et veut s'affranchir de la souffrance alors qu'elle est accablée de douleur. Que cette personne soit délivrée de cette souffrance et de ses causes !

3. Cette personne recherche le bonheur et veut s'affranchir de la souffrance alors qu'elle est accablée de douleur. Je veux aider cette personne à se libérer de cette souffrance et de ses causes !

Maintenant, cultivez l'engagement suprême :

1. Le cycle de l'existence est induit par l'ignorance.

2. Par conséquent, il est réaliste que je travaille à atteindre l'illumination pour que j'aide les autres à suivre cette voie.

3. Même si je suis le seul à m'y consacrer, je m'engage à libérer l'ensemble des êtres sensibles de la souffrance et de ses causes, et à leur apporter le bonheur et ses causes.

Un par un, concentrez-vous sur chaque être – les amis, puis les personnes neutres et enfin les ennemis, en débutant par le plus insignifiant –, et répétez cet exercice. Cela prendra des mois et des années, mais le bénéfice de cette pratique est incommensurable.

23

Vers l'amour ultime

« Aussi grande soit la doctrine, cela est insuffisant,
Si le fidèle n'a pas la bonne attitude. »

Proverbe tibétain.

Nous nous intéressons maintenant à l'ultime degré de
l'amour et de la compassion car la connaissance de la
vacuité de l'existence inhérente rend cela possible. Candrakirti conclut ainsi :

> Je rends hommage à l'altruiste qui considère
> ceux qui transmigrent comme vides d'existence
> inhérente, bien qu'ils paraissent exister intrinsè-
> quement, comme le reflet de la lune sur la sur-
> face de l'eau.

Le reflet sur l'eau claire et calme se confond en tous
points avec la lune. Mais c'est une illusion, la lune est
au firmament. La métaphore figure l'existence inhérente
de l'apparence du moi et des autres phénomènes. Ils

semblent exister selon leur propre nature, mais ils sont vides. Une personne se trompe en voyant, dans son reflet, la lune. Comme nous nous méprenons sur l'apparence du « moi » et des autres phénomènes en pensant qu'ils existent selon leur propre nature.

Employez la métaphore pour renforcer votre perspicacité sur l'attachement aux apparences erronées qui nous plonge dans la souffrance vainement. Nous sommes ainsi en proie à l'avidité, à la haine et aux actes qui s'ensuivent. Le karma s'accumule. Et nous renaissons, encore et encore, dans le cycle de la souffrance. Dès que nous sommes convaincus de la vanité des maux, cette vue profonde suscite une intense compassion et un amour puissant.

L'image ne se contente pas d'évoquer les êtres sensibles pris dans le processus de la souffrance en six étapes, comme le seau dans le puits. Elle suggère aussi qu'ils sont plongés dans l'impermanence temporelle comme le reflet de la lune se miroitant sur l'eau. Ils s'assujettissent à l'ignorance car ils acceptent l'apparence erronée de l'existence inhérente. Avec cette perspicacité nouvelle, l'amour et la grande compassion envers les êtres sensibles grandissent. Vous ressentez une intimité avec eux. Ils recherchent, comme vous, le bonheur et refusent la souffrance. Et ils furent vos plus proches amis au cours du nombre incalculable de vies, vous nourrissant de leur bonté.

Pour atteindre une telle intensité d'amour et de compassion, vous devez d'abord vous rendre compte que l'ensemble des êtres sensibles sont vides d'existence inhérente. Par conséquent, reprenons les différents points pour prendre conscience de la nature suprême du « moi ».

Réflexion méditative

1. Comme précédemment, le « moi » établi intrinsèquement sera l'objet de votre raisonnement, remémorez-vous ou imaginez une circonstance où vous êtes résolument persuadé de son existence.

2. Remarquez que l'ignorance fait apparaître l'existence inhérente et discernez-la.

3. Réfléchissez profondément au point suivant : si une telle création intrinsèque existe, le « moi » et l'entité corps-esprit forment une unicité ou sont distincts.

4. Constatez l'incohérence de l'unicité du soi et de l'entité corps-esprit ou leur distinction. Analysez et ressentez l'absurdité de ces deux hypothèses :

Unicité
• Si le « moi » et l'entité corps-esprit forment une unicité parfaite,
• Alors revendiquer un « moi » ne rime à rien.
• Penser à « mon corps » ou « ma tête » ou « mon esprit » est impossible.
• À la disparition du corps et de l'esprit, le soi n'existera plus.
• L'esprit et le corps étant pluriels, les soi de la personne seraient aussi pluriels.

• Si le « moi » est un, l'esprit et le corps forment aussi une unicité.

• Comme le corps et l'esprit sont produits par les agrégats et se désintègrent, la logique serait que le « moi » s'engendre intrinsèquement pour se détruire intrinsèquement. Dans ce cas, les effets plaisants des actes positifs ou les effets douloureux des actes négatifs ne produiront aucun fruit, ou bien nous devrions accepter de subir les conséquences d'actes que nous n'avons pas commis.

Différence

• Si le « moi » et l'entité corps-esprit sont complètement distincts,

• Alors le « moi » doit persister après la disparition de l'esprit et du corps.

• Le « moi » n'a pas les caractéristiques de production, continuité et désintégration, ce qui est absurde.

• Le « moi » est illusoire ou permanent, ce qui est absurde.

• Le « moi » ne possède aucune caractéristique physique ou mentale, ce qui est absurde.

5. Un tel « moi » étant indécelable, décidez fermement : « Ni moi ni personne d'autre ne sommes établis intrinsèquement. »

6. Décidez : du tréfonds de mon cœur, je veux sortir du cycle de la souffrance car je me trompe en jugeant ce qui n'existe pas intrinsèquement comme ayant une existence inhérente.

ÉLARGIR CELA AUX AUTRES

Les tendances négatives sont nos ennemis intérieurs, la source des problèmes. D'où proviennent-elles ? L'avidité et la haine résultent de l'ignorance. Ces afflictions mentales sont néfastes et ne sont source d'aucune aide. Elles doivent être éliminées. Il faut donc s'intéresser aux causes.

Les afflictions problématiques découlent de l'origine d'une émotion destructrice, l'absence de prise de conscience. L'ignorant ne connaît pas la nature des êtres et des choses. Sa vision est fallacieuse. Les émotions destructrices sont des ennemies. Discernez-les pour les détruire ensuite avec les techniques appropriées.

Les afflictions mentales nous poussent à commettre des actes qui laissent ensuite des empreintes mentales contre-productives. Les actes non vertueux nous contraignent à renaître dans des vies misérables. Les actes vertueux nous ouvrent des renaissances vers des vies heureuses. Heureuses ou misérables, elles résultent de l'ignorance. La cessation des renaissances dans le cycle de l'existence s'atteint en accumulant le karma, grâce à la prise de conscience, par la méditation, de la vérité absolue ou de la vacuité de l'existence inhérente. La renaissance sera sous votre contrôle car la décision effective d'aider les autres vous appartient.

Le cycle de l'existence est né d'une confusion dans l'interprétation de l'existence inhérente. L'affranchissement de ce cycle se fait par la reconnaissance de l'origine de cette croyance erronée. L'instauration du cycle de l'existence dépend de plusieurs facteurs. Mais seule sa source, l'ignorance, peut cesser. Elle est donc à l'origine de l'ensemble des autres causes. Les réflexions méditatives proposées dans ce livre vous ont enseigné le mode de préparation aux antidotes pour les éliminer, afin de mettre un terme à la souffrance et à ses causes. Ayant intériorisé le processus pour s'affranchir de la souffrance, l'intention d'atteindre la libération se réalise avec la formulation d'un simple vœu.

Les objectifs évoluent avec la pratique. Le vœu de sortir du cycle de la souffrance se prononce au moment où vous atteignez une compétence spirituelle supérieure. Le maître yogi tibétain Tsongkhapa nous le raconte, dans *Les Trois Aspects majeurs de la Voie de l'Illumination*, à ce moment-là nous nous concentrons, nuit et jour, pour atteindre la libération : vous êtes résolu à interrompre les renaissances. Dans votre for intérieur, vous avez décidé que cette vie ne sera pas comblée si la libération complète du processus du cycle de l'existence n'est pas atteinte.

Renaître sous une forme humaine offre les meilleures conditions pour pouvoir atteindre la libération en suivant trois pratiques : la moralité, l'effort de la méditation et la sagesse. La moralité suppose de limiter drastiquement les comportements nocifs du corps, de la parole et du mental. Les comportements négatifs les plus subtils sont supprimés par la pratique de la méditation du calme mental. L'abandon suprême des actes négatifs s'obtient par l'exercice de la sagesse de la vue profonde de la vacuité de l'existence inhérente.

Sous l'influence de graves afflictions mentales, vous commencez par pratiquer la moralité. Vos attitudes physiques et verbales sont nuisibles et blessantes pour vous et les autres. La moralité aura pour effet de s'assurer la cessation de ces actes graves. Néanmoins, l'exercice de la moralité n'éradique pas les afflictions mentales. La libération suprême est atteinte avec l'extinction définitive des émotions perturbatrices.

Voici la voie à emprunter dès que vous percevez l'inanité du cycle de l'existence :

1. Exercez-vous à reconnaître l'influence de la souffrance dans cette vie.

2. Puis montrez votre répugnance à l'égard des souffrances subies sur le cheminement d'une vie à l'autre, appelé « cycle de l'existence », et engagez-vous dans l'exercice de la moralité, l'effort de la méditation et la sagesse.

3. En accomplissant complètement les pratiques, vous finissez par atteindre l'état de libération du cycle de l'existence dans lequel la souffrance a cessé.

Cette voie vous mène à la libération, mais même alors, vos motivations ne seraient pas encore arrivées à maturation. Le principal obstacle pour pouvoir aider les autres n'est pas encore surmonté. Les afflictions mentales persistent par ignorance de la véritable nature des êtres et des choses. L'ignorance éliminée, les empreintes karmiques restent tapies au fond de l'esprit et bloquent tout progrès vers la connaissance suprême.

Dans cet état mental, si vous essayez d'aider les autres, vous ne parviendrez pas à leur procurer le moindre bienfait. Vous êtes persuadé qu'il est salutaire de s'affranchir du cycle de l'existence. Mais votre niveau de réflexion demeure encore à un stade rudimentaire. Votre bien-être personnel est votre souci majeur. Sur le plan de votre développement personnel, le processus de l'élimination des obstructions qui permet de s'élever vers un état spirituel supérieur n'est pas achevé. Un calme intérieur s'est cependant installé dans votre mental.

Cette forme de paix solitaire est à conjurer. La tendance qui consiste à rechercher pour soi la libération ralentit le processus dont l'objectif ultime est l'illumination altruiste pour le salut des autres.

Le recentrement vers soi provoque l'égocentrisme. Une attitude difficile à abandonner au cours de la pratique de l'amour suprême et de la grande compassion. Par conséquent, il est crucial dès les prémices de ne pas concentrer l'effort mental pour un bénéfice personnel.

La connaissance de la vacuité favorise la prise de conscience sur notre capacité à nous dégager du piège du cycle de l'existence. Elle rend notre résolution de quitter ce cycle des renaissances plus ferme. Lorsque vous découvrez que l'origine de la souffrance des autres est aussi l'ignorance, vous prenez alors conscience qu'ils ont aussi la capacité de s'en délivrer : la décision d'aider les autres est renforcée. La vue profonde va ensuite transformer l'amour et la compassion en expressions concrètes de la vérité absolue. Ainsi Bouddha dit :

> La compassion d'un Bouddha pour les êtres sensibles est élaborée à partir de la réflexion méditative sur le principe suivant : « Alors que les phénomènes sont vides, les êtres sensibles s'accrochent à leur existence inhérente. »

Reconnaître l'absence d'existence inhérente des êtres vivants permet de développer plus profondément l'amour et la compassion en ayant alors une vision holistique de la façon dont est suscitée leur souffrance, par ignorance de la nature des êtres et des autres phénomènes. La prise de conscience de la vacuité de l'existence inhérente ouvre la perspective d'un amour et d'une compassion plus intenses. La reconnaissance de l'ultime nature des personnes et des choses éveille l'intérêt pour la multitude d'êtres sensibles qui recherchent, comme vous, le bonheur et refusent la souffrance. Ils sont aussi prisonniers du cycle des vies innombrables où ils furent des amis intimes, et pleins de bonté pour vous. Ce sentiment d'intimité combiné à la vérité de l'origine de leur souffrance dans le cycle de renaissance provoque chez vous l'engagement altruiste puissant pour leur bien-être.

Réflexion méditative

Concentrez-vous sur un ami en vous remémorant le processus néfaste du cycle de l'existence, réfléchissez à ce qui suit :

1. Comme moi, cette personne s'est égarée sur l'océan de la méprise de l'existence inhérente du « moi », où se jette le puissant fleuve de l'ignorance qui charrie la croyance fallacieuse de l'existence erronée du corps et de l'esprit, et elle est ballottée sous le vent des pensées et des actes contre-productifs.

2. Elle se trompe en confondant la lune avec son reflet sur l'eau, cette personne s'illusionne sur l'apparence du « moi » et des autres phénomènes en se figurant qu'ils existent selon leur propre nature.

3. L'acceptation de cette apparence erronée pousse cette personne à l'avidité et à la haine. Et elle accumule du karma pour renaître encore et encore dans le cycle de la souffrance.

4. Dans ce processus, l'individu provoque en vain de la souffrance pour lui ou elle, et pour les autres.

Maintenant cultivez les trois niveaux spirituels de l'amour :

1. Cette personne recherche le bonheur, mais elle en est démunie. Ne serait-ce pas merveilleux si elle était touchée par le bonheur et ses causes !

2. Cette personne recherche le bonheur, mais elle en est démunie. Qu'elle soit touchée par le bonheur et ses causes !

3. Cette personne recherche le bonheur, mais elle en est démunie. Je ferai tout ce que je peux pour qu'elle soit touchée par le bonheur et ses causes !

Maintenant approfondissez les trois niveaux spirituels de la compassion :

1. Cette personne recherche le bonheur et veut s'affranchir de la souffrance alors qu'elle est accablée de douleur. Si cette personne pouvait au moins se délivrer de cette souffrance et de ses causes !

2. Cette personne recherche le bonheur et veut s'affranchir de la souffrance alors qu'elle est accablée de douleur. Que cette personne soit délivrée de cette souffrance et de ses causes !

3. Cette personne recherche le bonheur et veut s'affranchir de la souffrance alors qu'elle est accablée de douleur. Je veux aider cette personne à se libérer de cette souffrance et de ses causes !

Maintenant cultivez l'engagement suprême :

1. Le cycle de l'existence est induit par l'ignorance.

2. Par conséquent, il est réaliste que je travaille à atteindre l'illumination pour aider les autres à suivre cette voie.

3. Même si je suis le seul à m'y consacrer, je m'engage à libérer l'ensemble des êtres sensibles de la souffrance et de ses causes, et à leur apporter le bonheur et ses causes.

Un par un, concentrez-vous sur chaque être – les amis, puis les personnes neutres, et enfin les ennemis, en débutant par le plus insignifiant –, et répétez cet exercice. Cela prendra des mois et des années, mais le bénéfice de cette pratique est incommensurable.

Se voir tel qu'on est

LES RETOMBÉES DE L'AMOUR SUPRÊME ET DE LA GRANDE COMPASSION

Pour vous accoutumer à la tâche de protéger les êtres sensibles des difficultés, adoptez souvent cette attitude et méditez régulièrement. L'empathie va s'intensifier au point de pénétrer tout votre être. Ne cherchez pas de récompense, et consacrez-vous au développement des autres sans découragement. N'abandonnez jamais votre tâche !

Annexe

Reprendre les réflexions méditatives

Première partie : Le besoin de perspicacité

I. Préparer le terrain pour l'essor de la perspicacité

1. Toutes les émotions contre-productives sont liées et dépendent de l'ignorance de la vraie nature des êtres et des choses.

2. Supprimer la convoitise et la haine ponctuellement n'est pas impossible. Mais en éliminant l'ignorance qui nous trompe sur la nature de vous-même, des autres et de toutes choses, les émotions perturbatrices sont annihilées.

3. L'ignorance fait percevoir les phénomènes – qui n'existent pas selon leur propre nature – comme extérieurs à la pensée.

II. Découvrir la source des problèmes

Réfléchissez au fait que :

1. L'attrait est-il intrinsèque à l'objet ?

2. L'attrait de l'objet cache-t-il ses défauts et ses inconvénients ?

3. Est-ce que l'attrait exagéré pour certains objets mène à l'avidité ?

4. Est-ce que l'aversion pour certains objets mène à la haine ?

5. Remarquez comment vous :

Regardez d'emblée un objet.

Notez ensuite s'il est beau ou laid.

Concluez que l'objet existe avec ses caractéristiques propres et indépendantes.

Puis décidez que ses bonnes ou mauvaises qualités lui sont inhérentes.

Et rejetez-le ou désirez-le en suivant votre opinion.

III. De la nécessité de saisir la vérité

Réfléchissez au fait que :

1. L'ignorance pousse à exagérer l'importance de la beauté, de la laideur et de toutes les autres qualités.

2. La surestimation de ces qualités mène à l'avidité, la haine, la jalousie, la belligérance, etc.

3. Ces émotions destructrices conduisent à des actes contaminés par une perception erronée.

4. Ces actes (karma) président à la naissance et à la renaissance impuissantes dans le cycle de l'existence, et ils nous replongent dans l'imbroglio des ennuis.

5. Sortir de l'ignorance annihile notre penchant à exagérer les qualités positives ou négatives. Supprimant ainsi l'avidité, la haine, la jalousie, la belligérance, etc. Et met fin aux actes contaminés par une perception erronée. Les naissance et renaissance impuissantes dans le cycle de l'existence cessent.

6. La perspicacité est la solution pour s'en sortir.

Deuxième partie : Leçon
pour surmonter l'ignorance

IV. RESSENTIR L'EFFET DE L'INTERDÉPENDANCE

1. Arrêtez-vous sur un phénomène éphémère, une maison par exemple.

2. Considérez les causes et conditions particulières qui ont permis sa construction : le bois pour la charpente, les charpentiers, etc.

3. Observez si cette dépendance s'oppose à l'apparence de cette maison qui semble autonome.

Puis :

1. Pensez à un phénomène impermanent, un livre par exemple.

2. Considérez les éléments qui le forment : ses pages et sa couverture.

3. Observez si la dépendance aux différents éléments qui le composent s'oppose à son apparente autonomie.

Puis :

1. Observez la conscience concentrée sur un vase bleu.

2. Réfléchissez à la dépendance des éléments qui le font exister : les différents moments qui forment son continuum temps.

3. Observez si la dépendance aux différents composés s'oppose à son apparence d'autonomie.

Puis :

1. Pensez à l'espace en général.

2. Réfléchissez à la dépendance des composés qui le forment : le nord, le sud, l'est et l'ouest.

3. Observez si la dépendance aux différents composés s'oppose à son apparence d'autonomie.

Puis :

1. Observez l'espace d'un bol.

2. Réfléchissez à la dépendance des composés qui le font exister : sa moitié supérieure et sa moitié inférieure.

3. Observez si la dépendance aux différents composés s'oppose à son apparence d'autonomie.

V. Comprendre le processus du raisonnement sur la production conditionnée

Réfléchissez au fait que :

1. Dépendant et indépendant forment un couple d'opposés. Chaque chose est soit l'un, soit l'autre.

2. Une chose dépendante ne peut pas être autonome.

3. Dans les parties du corps ou du mental qui forment la base du « moi », nous ne pouvons pas découvrir le « moi ». Finalement, le « moi » n'est pas autonome. Il dépend de l'influence d'autres conditions : ses causes, ses composés et la pensée.

VI. Observer l'interdépendance du phénomène

Réfléchissez au fait que :

1. La nature inhérente n'a jamais existé, n'existe pas et n'existera jamais.

2. Toutefois, nous imaginons son existence, ce qui motive des sentiments perturbateurs.

3. Croire que le phénomène existe intrinsèquement est extravagant, c'est un abîme effroyable.

4. Croire qu'un phénomène impermanent est improductif, ou œuvre au titre de la causalité, est une forme extrême de négation, un autre effroyable abîme.

5. La prise de conscience que les phénomènes n'ont pas de nature inhérente, car ils sont soumis à la production conditionnée, nous écarte des deux voies extrêmes.

Comprendre que les phénomènes ont des origines inter-dépendantes nous soustrait au danger d'une négation absolue. Se rendre compte que les phénomènes sont vides d'existence inhérente nous protège contre l'extrême danger de l'exagération.

VII. MESURER LA PRODUCTION CONDITIONNÉE ET LA VACUITÉ

Réfléchissez au fait que :

1. Les êtres et les choses sont vides d'existence intrinsèque car ils sont interdépendants. Leur dépendance montre qu'ils ne peuvent pas s'engendrer.

2. Les êtres et les personnes sont interdépendants car ils sont vides d'existence intrinsèque. Si les phénomènes étaient autonomes, ils ne dépendraient d'aucun facteur, ni de causes, ni de leurs composés, ni de la pensée. Puisque les phénomènes ne sont pas capables de s'engendrer, ils se transforment.

3. Cette double prise de conscience est interactive, l'une complète l'autre.

**Troisième partie : Exploiter le pouvoir
de la concentration et de la perspicacité**

VIII. FIXER SON ESPRIT

1. Regardez avec précision l'image d'un Bouddha,

d'une personnalité religieuse ou de n'importe quel symbole sacré, faites attention à sa forme, sa couleur et aux détails.

2. Travaillez pour que l'image s'installe à l'intérieur de votre conscience, imaginez sa taille de dix centimètres (plus c'est petit mieux c'est !). Placez-la au niveau de vos sourcils, de un mètre et demi à deux mètres devant vous, lumineuse et radieuse.

3. Assimilez l'image à la réalité, dotée des plus exceptionnelles qualités du corps, de la parole et du mental.

IX. Harmoniser le mental pour la méditation

1. Centrer le mental sur le support de méditation.
2. User de l'introspection de temps en temps, afin de vérifier si le mental reste focalisé sur le support.
3. S'il s'en est détourné, remémorez-vous le support et recentrez le mental aussi souvent qu'il le faut.

Puis :

1. Pour déjouer la négligence qui est une perception trop relâchée du support de méditation :

• Commencez par renforcer légèrement l'attention portée au support.

• Si cela ne suffit pas, rafraîchir ou élever le support méditatif, ou scruter chacun de ses détails.

• Si cela ne suffit toujours pas, détournez-vous du support et pensez un instant aux merveilleuses qualités de l'amour et de la compassion, ou à l'extraordinaire chance que nous offre cette vie pour la pratique spirituelle.

• Si cela est insuffisant, arrêtez l'exercice et recherchez un endroit élevé d'où vous aurez une vue panoramique.

2. Pour combattre l'excitation, qui limite la perception du support de méditation :

• Commencez par relâcher légèrement la concentration sur la visualisation du support.

• Si cela ne suffit pas, abaissez mentalement le support en imaginant qu'il est très lourd.

• Si cela ne suffit pas, négligez l'objet pour penser un moment à un sujet qui vous rend plus profond : comment l'ignorance provoque les souffrances dans le cycle de l'existence, l'imminence de la mort, les désavantages du support délaissé ou les désavantages de l'avoir négligé.

Quatrième partie : Comment mettre un terme à l'aveuglement

X. COMMENCER PAR MÉDITER SUR SOI

Réfléchissez au fait que :
1. La personne est au cœur des afflictions.
2. Par conséquent, nous devons nous efforcer de comprendre au préalable notre nature.

3. Avec cet acquis, la prise de conscience peut être appliquée au mental, au corps, à la maison, la voiture, l'argent, et aux autres phénomènes.

XI. Prendre conscience que vous n'existez pas selon votre nature

1. Imaginez une personne qui vous accuse pour une chose que vous n'avez pas commise. Elle vous pointe du doigt en disant : « Vous êtes une calamité ! »
2. Observez votre réaction. Comment le « moi » s'inscrit-il dans le mental ?
3. Comment l'appréhendez-vous ?
4. Remarquez l'apparence de ce « moi » autonome, instauré de lui-même, fondé selon sa propre nature.

Aussi :
1. Rappelez-vous les moments où vous êtes agacé parce que vous n'arrivez pas à vous souvenir de quelque chose.
2. Remémorez-vous vos sentiments. Comment le « moi » s'inscrit-il dans le mental à ce moment précis ?
3. Comment l'appréhendez-vous ?
4. Remarquez l'apparence de ce « moi » autonome, instauré de lui-même, fondé selon sa propre nature.

Aussi :
1. Rappelez-vous une circonstance où vous étiez irrité contre votre corps ou un de ses éléments. Vos cheveux par exemple.

2. Observez votre contrariété. Comment le « moi » s'inscrit-il dans le mental à ce moment précis ?

3. Comment l'appréhendez-vous ?

4. Remarquez l'apparence de ce « moi » autonome, instauré de lui-même, fondé selon sa propre nature.

Aussi :

1. Rappelez-vous une circonstance où vous avez mal agi. Vous avez pensé : « J'ai vraiment semé la pagaille. »

2. Analysez vos sentiments. Comment le « moi » s'inscrit-il dans le mental à ce moment précis ?

3. Comment l'appréhendez-vous ?

4. Remarquez l'apparence de ce « moi » autonome, instauré de lui-même, fondé selon sa propre nature.

Aussi :

1. Rappelez-vous une circonstance où vous avez accompli quelque chose de merveilleux et en avez retiré une grande fierté.

2. Évaluez vos sentiments. Comment le « moi » s'inscrit-il dans le mental à ce moment précis ?

3. Comment l'appréhendez-vous ?

4. Remarquez l'apparence de ce « moi » autonome, instauré de lui-même, fondé selon sa propre nature.

Aussi :

1. Rappelez-vous un événement merveilleux que vous avez adoré.

2. Observez vos sentiments. Comment le « moi » s'inscrit-il dans le mental à ce moment précis ?

3. Comment l'appréhendez-vous ?

4. Remarquez l'apparence de ce « moi » autonome, instauré de lui-même, fondé selon sa propre nature.

XII. FAIRE DES CHOIX

1. Analysez si le « moi », autonome et intrinsèque, dans le contexte de l'entité corps-esprit, peut exister autrement qu'en étant une partie, ou en étant séparé du corps et de l'esprit.

2. Prenez d'autres types de phénomènes : une table et une chaise ou une maison et une montagne. Observez-les pour discerner s'ils peuvent être classés sous une forme tierce. Finalement, ils appartiennent à la même catégorie ou ils sont différents.

3. Décidez si le « moi » qui existe intrinsèquement selon son apparence ne fait qu'un avec le corps et l'esprit, ou s'il en est séparé.

XIII. ANALYSER L'UNICITÉ

Réfléchissez aux conséquences, si le « moi » est, comme il s'inscrit dans notre mental, autonome et intrinsèquement différent de l'entité corps-esprit :

1. Si le « moi » et l'entité corps-esprit forment une unicité parfaite,

2. Alors, revendiquer un « moi » ne rime à rien.

3. Penser à « mon corps » ou « ma tête » ou « mon esprit » est impossible.

4. À la disparition du corps et de l'esprit, le soi n'existera plus.

5. L'esprit et le corps étant pluriels, les natures ou les soi de la personne seraient aussi pluriels.

6. Si le « moi » est un, l'esprit et le corps forment aussi une unicité.

7. Comme le corps et l'esprit sont produits par les agrégats et se désintègrent, la logique serait que le « moi » s'engendre intrinsèquement pour se détruire intrinsèquement. Dans ce cas, les effets plaisants des actes positifs ou les effets douloureux des actes négatifs ne produiront aucun fruit, ou bien nous devrions accepter de subir les conséquences d'actes que nous n'avons pas commis.

XIV. Analyser la différence

Réfléchissez aux conséquences si le « moi » est, comme il s'inscrit dans le mental, autonome et intrinsèquement différent de l'entité corps-esprit :

1. Si le « moi » et l'entité corps-esprit sont complètement distincts,

2. Alors le « moi » doit persister après la disparition de l'esprit et du corps.

3. Le « moi » n'a pas le pouvoir d'être engendré, de se prolonger et de se désintégrer, ce qui est absurde.

4. Le « moi » est alors une illusion ou un phénomène permanent, ce qui est encore absurde.

5. Le « moi » ne possède donc aucune caractéristique physique ou mentale, ce qui est également absurde.

XV. CONCLURE

Reprenons les quatre points qui mènent à la prise de conscience :

1. Se concentrer sur l'objectif, l'apparence du « moi » comme s'il était fondé selon sa propre nature.

2. Déterminez si le « moi » existe selon son apparence, amalgamé à l'esprit et au corps ou distinct du corps et de l'esprit.

3. Méditez profondément la question de son analogie avec l'entité corps-esprit.

• Si le « moi » et l'entité corps-esprit forment une unicité,

• Défendre un « moi » ne rime à rien.

• Penser à « mon corps » ou « ma tête » ou « mon esprit » est impossible.

• Mon esprit et mon corps disparus, le soi individuel se délitera aussi.

• Si l'esprit et le corps sont pluriels, les natures ou les soi individuels d'un individu doivent aussi être pluriels.

• Si le « moi » est unique, alors l'esprit et le corps sont un.

• Si l'esprit et le corps sont engendrés pour se désintégrer, alors le « moi » s'engendre aussi intrinsèquement pour se désintégrer intrinsèquement. Dans ce cas, les effets agréables des actes positifs ou les effets douloureux des actes négatifs ne produiront aucun fruit, ou bien nous devrions accepter de subir les conséquences d'actes que nous n'avons pas commis.

4. Considérez avec attention les incidences si le « moi » et l'entité corps-esprit sont intrinsèquement différents.
• Si le « moi » et l'entité corps-esprit sont complètement distincts,
• Alors le « moi » doit persister après la disparition de l'esprit et du corps.
• Le « moi » n'a pas les caractéristiques de production, continuité et désintégration, ce qui est absurde.
• Le « moi » est illusoire ou permanent, ce qui est encore absurde.
• Le « moi » ne possède aucune caractéristique physique ou mentale, ce qui est également absurde.

XVI. Évaluer la prise de conscience

1. Revenez au quatrième point de l'exercice proposé au chapitre 15.
2. Au moment où la notion d'un « moi » établi intrinsèquement est délaissée et s'évanouit dans le vide mental, intéressez-vous à votre bras, par exemple.
3. Observez si l'impression de l'existence intrinsèque de votre bras disparaît subitement grâce au raisonnement utilisé ultérieurement.

4. Si l'impression de l'existence intrinsèque du bras perdure, votre appréhension demeure à un degré grossier.

XVII. Étendre la perspicacité à sa propre nature

1. Les phénomènes intérieurs, comme le mental ou le corps, sont à vous, et, au-delà, sont les « vôtres ».
2. Les biens extérieurs, comme les vêtements ou la voiture, vous appartiennent aussi.
3. Si le « moi » n'existe pas intrinsèquement, ce qui est « vôtre » ne peut pas avoir d'existence inhérente.

XVIII. Alterner calme mental et vue profonde

Au début, vous pouvez alterner la stabilisation méditative avec un peu de méditation analytique afin de vous initier au processus et de renforcer la concentration.
1. Concentrer d'abord le mental sur un objet tel qu'une image de Bouddha ou le rythme de la respiration.
2. Suivez le processus de la méditation analytique tel qu'il est proposé dans les quatre étapes pour une méditation sur la nature du « moi » (voir chapitre 15).
3. Dès que vous avez développé légèrement la vue profonde, maintenez-la en stabilisation méditative, appréciez les effets.
4. Lorsque la sensation s'affaiblit, revenez à la méditation analytique et restaurez la sensation pour intensifier plus la vue profonde.

Cinquième partie : Voir les êtres et les choses tels qu'ils existent

XIX. SE VOIR COMME UNE ILLUSION

1. Rappelez-vous quand vous avez confondu une personne avec son reflet dans un miroir.

2. Ce reflet a l'air réel alors qu'il est faux.

3. Par analogie, les êtres et les choses semblent être autonomes sans dépendre des causes et conditions, de leurs composés ou de la pensée. Or ils ne sont pas indépendants.

4. En cela, les êtres et les choses *ressemblent* à des illusions.

Puis :

1. Comme précédemment, le « moi » établi intrinsèquement sera l'objet de votre raisonnement, remémorez-vous ou imaginez une circonstance où vous êtes résolument persuadé de son existence.

2. Remarquez que l'ignorance fait apparaître l'existence inhérente et discernez-la.

3. Réfléchissez profondément au point suivant : si une telle création intrinsèque existe, le « moi » et l'entité corps-esprit forment une unicité ou sont distincts.

4. Constatez l'incohérence de l'unicité du soi et de l'entité corps-esprit ou leur distinction. Analysez et ressentez l'absurdité de ces deux hypothèses :

Unicité

• Si le « moi » et l'entité corps-esprit forment une unicité parfaite,

• Alors revendiquer un « moi » ne rime à rien.

• Penser à « mon corps » ou « ma tête » ou « mon esprit » est impossible.

• À la disparition du corps et de l'esprit, le soi n'existera plus.

• L'esprit et le corps étant pluriels, les natures ou les soi de la personne seraient aussi pluriels.

• Si le « moi » est un, l'esprit et le corps forment aussi une unicité.

• Comme le corps et l'esprit sont produits par les agrégats et se désintègrent, la logique serait que le « moi » s'engendre intrinsèquement pour se détruire intrinsèquement. Dans ce cas, les effets plaisants des actes positifs ou les effets douloureux des actes négatifs ne produiront aucun fruit, ou bien nous devrions accepter de subir les conséquences d'actes que nous n'avons pas commis.

Différence

• Si le « moi » et l'entité corps-esprit sont complètement distincts,

• Alors le « moi » doit persister après la disparition de l'esprit et du corps.

• Le « moi » n'a pas les caractéristiques de production, continuité et désintégration, ce qui est absurde.

• Le « moi » est illusoire ou permanent, ce qui est encore absurde.

• Le « moi » ne possède aucune caractéristique physique ou mentale, ce qui est également absurde.

5. Un tel « moi » étant indécelable, décidez fermement : « Ni moi ni personne d'autre ne sommes établis intrinsèquement. »

6. Méditez un instant sur la signification de la vacuité, concentrez-vous sur l'absence de nature inhérente.

7. Puis, de nouveau, laissez les apparences des êtres envahir votre esprit.

8. Réfléchissez sur le principe suivant : à cause de la production conditionnée, les êtres réalisent des actes, alimentent ainsi leur karma et sont confrontés aux effets de ces actes.

9. Vérifiez le principe que l'apparence des êtres est réelle et vraisemblable en l'absence d'existence inhérente.

10. Quand la réalité et la vacuité deviennent contradictoires, prenez l'exemple de l'image du visage dans le miroir :

• L'image d'un visage, dans un miroir, dépend du visage et du miroir, alors que le reflet est vide d'œil, d'oreille, etc. Le reflet s'évanouit en l'absence du miroir ou du visage.

• De même, l'être n'a pas une parcelle d'existence inhérente. Pourtant, il n'est pas contradictoire qu'il entreprenne des actes, accumule du karma et en subisse les effets, puis qu'il renaisse conditionné par le karma et les afflictions mentales.

11. Essayez de voir l'absence de différence entre la réalité et la vacuité chez les êtres et les choses.

XX. ÊTRE ATTENTIF AU RÔLE PRIMORDIAL DE LA PENSÉE

1. Revenez à un moment où vous étiez inondé de haine ou de désir.

2. La personne ou l'objet désiré ou haï était-il particulièrement substantiel et très concret ?

3. Dans ce cas, vous ne pouvez pas prétendre que vous avez perçu les phénomènes comme dépendants de la pensée.

4. Vous les voyez comme existant selon leur propre nature.

5. Rappelez-vous qu'une méditation fréquente sur la vacuité sert à s'opposer à l'apparence erronée des phénomènes.

Puis réfléchissez au fait que :

1. Le « moi » est instauré sous la dépendance de l'esprit et du corps.

2. Or, le corps et l'esprit ne sont pas le « moi », comme le « moi » n'est pas le corps et l'esprit.

3. Par conséquent, le « moi » dépend de la pensée conceptuelle, il est instauré par le mental.

4. La notion que le « moi » dépend de la pensée implique que le « moi » n'existe pas selon sa nature.

5. Remarquez que vous comprenez mieux l'idée qu'une chose existe selon sa propre nature ; l'existence inhérente qui doit être réfutée, c'est l'objectif de la prise de conscience de la vacuité.

Sixième partie : Approfondir l'amour
avec la vue profonde

XXI. RESSENTIR L'EMPATHIE

Appliquez ces six points communs à vous-même pour comprendre la nature de votre souffrance et développer une forte volonté de briser la dynamique.

1. Comme le seau attaché à une corde, les êtres humains sont liés aux afflictions mentales et aux actes qu'elles induisent.

2. Comme le va-et-vient du seau dans le puits soumis à l'action d'un opérateur, l'esprit non maîtrisé est soumis au processus du cycle de l'existence, surtout s'il croit, à tort, à l'existence inhérente du « moi », donc à la nature erronée du « mien ».

3. Comme le va-et-vient incessant du seau dans le puits, les êtres sensibles ne cessent d'errer dans le grand puits du cycle des renaissances, d'un état éphémère de joie à un état ponctuel de profonde peine.

4. Comme pour tirer le seau hors du puits, un grand effort est indispensable, et le rejeter est plus facile, ainsi les êtres sensibles doivent faire des efforts de volonté pour s'élever vers le bonheur, alors qu'ils retombent facilement dans une situation douloureuse.

5. Comme le seau qui ne contrôle pas son va-et-vient, les facteurs induisent l'évolution de l'individu. Ils sont

le résultat de l'ignorance, l'attachement et l'avidité de vies antérieures. Et ils créent sans cesse d'autres problèmes qui interféreront au cours des futures renaissances, tel le ressac des vagues de l'océan.

6. Comme le seau se cognant sur les parois du puits lors des va-et-vient, l'être sensible est malmené, jour après jour, par les souffrances dues au changement et à la peine, enfermé dans un processus qu'il ne contrôle pas.

Puis :

Concentrez-vous sur un ami et ressentez en pensant :

1. Comme le seau est attaché à une corde, cette personne est liée aux afflictions mentales et aux actes qu'elles induisent.

2. Comme le va-et-vient du seau dans le puits soumis à l'action d'un opérateur, le processus du cycle de l'existence de cette personne est soumis à son esprit non maîtrisé, surtout s'il ou elle croit, à tort, à son existence inhérente, donc à la nature erronée du « mien ».

3. Comme le va-et-vient incessant du seau dans le puits, cette personne ne cesse d'errer dans le grand puits du cycle des renaissances, d'un état éphémère de félicité à un état provisoire de peine profonde.

4. Comme pour remonter le seau du puits, il faut faire un grand effort, et le rejeter est plus facile, ainsi cette personne doit faire des efforts pour s'élever vers le bonheur, alors qu'elle ou il retombe facilement dans une situation douloureuse.

5. Comme le seau qui ne contrôle pas son va-et-vient, ainsi les facteurs qui induisent l'évolution de cette personne sont le résultat de l'ignorance, de l'attachement et de l'avidité de vies antérieures. Dans cette vie, ces facteurs créent sans cesse d'autres problèmes qui rejailliront au cours de ses futures renaissances, tel le ressac des vagues de l'océan.

6. Comme le seau se cognant sur les parois du puits lors des va-et-vient, cette personne est malmenée, jour après jour, par les souffrances dues au changement et à la peine, enfermée dans un processus qu'il ou elle ne contrôle pas.

Cultivez les trois niveaux spirituels de l'amour :
1. Cette personne recherche le bonheur, mais elle en est démunie. Ne serait-ce pas merveilleux si elle était touchée par le bonheur et ses causes !
2. Cette personne recherche le bonheur, mais elle en est démunie. Qu'elle soit touchée par le bonheur et ses causes !
3. Cette personne recherche le bonheur, mais elle en est démunie. Je ferai tout ce que je peux pour qu'elle soit touchée par le bonheur et ses causes !

Approfondissez les trois niveaux spirituels de la compassion :
1. Cette personne recherche le bonheur et veut s'affranchir de la souffrance alors qu'elle est accablée de douleur. Si cette personne pouvait au moins se délivrer de cette souffrance et de ses causes !

2. Cette personne recherche le bonheur et veut s'affranchir de la souffrance alors qu'elle est accablée de douleur. Que cette personne soit délivrée de cette souffrance et de ses causes !

3. Cette personne recherche le bonheur et veut s'affranchir de la souffrance alors qu'elle est accablée de douleur. Je veux aider cette personne à se libérer de cette souffrance et de ses causes !

Cultivez maintenant l'engagement suprême :

1. Le cycle de l'existence est induit par l'ignorance.

2. Par conséquent, il est réaliste que je travaille à atteindre l'illumination pour que j'aide les autres à suivre cette même voie.

3. Même si je suis le seul à m'y consacrer, je m'engage à libérer l'ensemble des êtres sensibles de la souffrance et de ses causes, et à leur apporter le bonheur et ses causes.

Un par un, concentrez-vous sur chaque être – les amis, puis les personnes neutres, et enfin les ennemis, en débutant par le plus insignifiant –, et répétez cet exercice. Cela prendra des mois et des années, mais le bénéfice de cette pratique est incommensurable.

XXII. Méditer sur l'impermanence

Au plus profond de vous-même réfléchissez au fait que :

1. Je vais mourir. La mort est inévitable. Mon temps de vie s'écoule et atteindra sa limite.

2. La mort est incertaine. À chacun sa durée de vie. Les causes de la mort sont légion et les causes de la vie sont rares en comparaison. Le corps est fragile.

3. Au dénouement fatal, rien ne vous aidera sauf une rectification de votre attitude. Les amis ne sont d'aucun secours. L'argent est aussi inutile que l'enveloppe corporelle.

4. Chacun arrive à ce passage périlleux. Dès lors, rien ne sert de se quereller, se battre, gâcher son énergie mentale ou physique à accumuler de l'argent et des biens.

5. Je m'exercerai dès à présent à réduire mon attachement à des lubies passagères.

6. Au tréfonds de mon cœur, je cherche à m'affranchir du cycle de la souffrance suscité par la conception erronée que l'impermanence est permanente.

Puis réfléchissez au fait que :

1. Mon esprit, mon corps, mes biens et la vie sont impermanents car ils résultent des causes et conditions.

2. Ces mêmes causes sont à l'origine de l'instauration de l'esprit, du corps, des biens et de l'existence, et ils entraînent leur délitement progressif.

3. La nature impermanente des choses prouve un manque d'autonomie et l'assujettissement à une influence externe.

4. Se méprendre sur la constance d'une chose, alors qu'elle se délite avec les instants qui passent, me fait souffrir ainsi que les autres.

5. Au tréfonds de mon cœur, je cherche à m'affranchir du cycle de la souffrance suscité par la conception erronée que l'impermanence est permanente.

Puis :

Concentrez-vous sur un ami et ressentez profondément ce qui suit :

1. Son esprit, son corps, ses biens et sa vie sont impermanents car ils résultent des causes et conditions.

2. Ces mêmes causes sont à l'origine de l'instauration de l'esprit, du corps, des biens et de l'existence, et elles entraînent leur délitement progressif.

3. La nature impermanente des choses prouve un manque d'autonomie et l'assujettissement à une influence externe.

4. L'ami(e) qui se méprend sur la constance d'une chose, alors qu'elle se délite avec les instants qui passent, souffre et fait souffrir les autres.

Maintenant cultivez les trois niveaux spirituels de l'amour :

1. Cette personne recherche le bonheur, mais elle en est démunie. Ne serait-ce pas merveilleux si elle était touchée par le bonheur et ses causes !

2. Cette personne recherche le bonheur, mais elle en est démunie. Qu'elle soit touchée par le bonheur et ses causes !

3. Cette personne recherche le bonheur, mais elle en est démunie. Je ferai tout ce que je peux pour qu'elle soit touchée par le bonheur et ses causes !

Maintenant approfondissez les trois niveaux spirituels de la compassion :

1. Cette personne recherche le bonheur et veut s'affranchir de la souffrance alors qu'elle est accablée de douleur. Si cette personne pouvait au moins se délivrer de cette souffrance et de ses causes !

2. Cette personne recherche le bonheur et veut s'affranchir de la souffrance alors qu'elle est accablée de douleur. Que cette personne soit délivrée de cette souffrance et de ses causes !

3. Cette personne recherche le bonheur et veut s'affranchir de la souffrance alors qu'elle est accablée de douleur. Je veux aider cette personne à se libérer de cette souffrance et de ses causes !

Maintenant, cultivez l'engagement suprême :

1. Le cycle de l'existence est induit par l'ignorance.

2. Par conséquent, il est réaliste que je travaille à atteindre l'illumination pour que j'aide les autres à suivre cette voie.

3. Même si je suis le seul à m'y consacrer, je m'engage à libérer l'ensemble des êtres sensibles de la souffrance et des ses causes, et à leur apporter le bonheur et ses causes.

Un par un, concentrez-vous sur chaque être – les amis, puis les personnes neutres et enfin les ennemis, en débutant par le plus insignifiant –, et répétez cet exercice.

XXIII. Vers l'amour ultime

1. Comme précédemment, le « moi » établi intrinsèquement sera l'objet de votre raisonnement, remémorez-vous ou imaginez une circonstance où vous êtes résolument persuadé de son existence.

2. Remarquez que l'ignorance fait apparaître l'existence inhérente et discernez-la.

3. Réfléchissez profondément au point suivant : si une telle création intrinsèque existe, le « moi » et l'entité corps-esprit forment une unicité ou sont distincts.

4. Constatez l'incohérence de l'unicité du soi et de l'entité corps-esprit ou leur distinction. Analysez et ressentez l'absurdité de ces deux hypothèses :

Unicité
Si le « moi » et l'entité corps-esprit forment une unicité parfaite,

Alors revendiquer un « moi » ne rime à rien.

Penser à « mon corps » ou « ma tête » ou « mon esprit » est impossible.

À la disparition du corps et de l'esprit, le soi n'existera plus.

L'esprit et le corps étant pluriels, les « soi » de la personne seraient aussi pluriels.

Si le « moi » est un, l'esprit et le corps forment aussi une unicité.

Comme le corps et l'esprit sont produits par les agrégats et se désintègrent, la logique serait que le « moi » s'engendre intrinsèquement pour se détruire intrinsèquement. Dans ce cas, les effets plaisants des actes positifs ou les effets douloureux des actes négatifs ne produiront aucun fruit, ou bien nous devrions accepter de subir les conséquences d'actes que nous n'avons pas commis.

Différence
Si le « moi » et l'entité corps-esprit sont complètement distincts,
Alors le « moi » doit persister après la disparition de l'esprit et du corps.
Le « moi » n'a pas les caractéristiques de production, continuité et désintégration, ce qui est absurde.
Le « moi » est illusoire ou permanent, ce qui est absurde.
Le « moi » ne possède aucune caractéristique physique ou mentale, ce qui est absurde.

5. Un tel « moi » étant indécelable, décidez fermement : « Ni moi ni personne d'autre ne sommes établis intrinsèquement. »
6. Décidez : du tréfonds de mon cœur, je veux sortir du cycle de la souffrance car je me trompe en jugeant ce qui n'existe pas intrinsèquement comme ayant une existence inhérente.

Puis :
Concentrez-vous sur un ami en vous remémorant le processus néfaste du cycle de l'existence, réfléchissez à ce qui suit :

1. Comme moi, cette personne s'est égarée sur l'océan de la méprise de l'existence inhérente du « moi », où se jette le puissant fleuve de l'ignorance qui charrie la croyance fallacieuse de l'existence erronée du corps et de l'esprit, et elle est ballottée sous le vent des pensées et des actes contre-productifs.

2. Elle se trompe en confondant la lune avec son reflet sur l'eau, cette personne s'illusionne sur l'apparence du « moi » et des autres phénomènes en se figurant qu'ils existent selon leur propre nature.

3. L'acceptation de cette apparence erronée pousse cette personne à l'avidité et à la haine. Et elle accumule du karma pour renaître encore et encore dans le cycle de la souffrance.

4. Dans ce processus, l'individu provoque en vain de la souffrance pour lui ou elle, et pour les autres.

Maintenant cultivez les trois niveaux spirituels de l'amour :

1. Cette personne recherche le bonheur, mais elle en est démunie. Ne serait-ce pas merveilleux si elle était touchée par le bonheur et ses causes !

2. Cette personne recherche le bonheur, mais elle en est démunie. Qu'elle soit touchée par le bonheur et ses causes !

3. Cette personne cherche le bonheur, mais elle en est démunie. Je ferai tout ce que je peux pour qu'elle soit touchée par le bonheur et ses causes !

Maintenant approfondissez les trois niveaux spirituels de la compassion :

1. Cette personne recherche le bonheur et veut s'affranchir de la souffrance alors qu'elle est accablée de douleur. Si cette personne pouvait au moins se délivrer de cette souffrance et de ses causes !

2. Cette personne recherche le bonheur et veut s'affranchir de la souffrance alors qu'elle est accablée de douleur. Que cette personne soit délivrée de cette souffrance et de ses causes !

3. Cette personne recherche le bonheur et veut s'affranchir de la souffrance alors qu'elle est accablée de douleur. Je veux aider cette personne à se libérer de cette souffrance et de ses causes !

Maintenant, cultivez l'engagement suprême :

1. Le cycle de l'existence est induit par l'ignorance.

2. Par conséquent, il est réaliste que je travaille à atteindre l'illumination pour aider les autres à suivre cette voie.

3. Même si je suis le seul à m'y consacrer, je m'engage à libérer l'ensemble des êtres sensibles de la souffrance et de ses causes et de leur apporter le bonheur et ses causes.

Un par un, concentrez-vous sur chaque être – les amis, puis les personnes neutres et enfin les ennemis, en débutant par le plus insignifiant – et répétez cet exercice.

Table

Avant-propos 5

Introduction : Mon point de vue 9

Première partie

LE BESOIN DE PERSPICACITÉ

1. Préparer le terrain pour l'essor de la perspicacité 31
2. Découvrir la source des problèmes 36
3. De la nécessité de saisir la Vérité 42

Deuxième partie

LEÇON POUR SURMONTER L'IGNORANCE

4. Ressentir l'effet de l'interdépendance 51
5. Comprendre le processus du raisonnement
   sur la production conditionnée 61
6. Observer l'interdépendance du phénomène 67
7. Mesurer la production conditionnée et la vacuité 73

Troisième partie

EXPLOITER LE POUVOIR DE LA CONCENTRATION ET DE LA PERSPICACITÉ

8. Fixer son esprit 85
9. Harmoniser le mental pour la méditation 99

Quatrième partie

COMMENT METTRE UN TERME
À L'AVEUGLEMENT

10. Commencer par méditer sur soi 117
11. Prendre conscience que vous n'existez pas
    selon votre nature 120
12. Faire des choix 129
13. Analyser l'unicité 132
14. Analyser la différence 137
15. Conclure 140
16. Évaluer la prise de conscience 147
17. Étendre la perspicacité à sa propre nature 154
18. Alterner calme mental et vue profonde 157

Cinquième partie

VOIR LES ÊTRES ET LES CHOSES
TELS QU'ILS EXISTENT

19. Se voir comme une illusion 165
20. Être attentif au rôle primordial de la pensée 173

Sixième partie

APPROFONDIR L'AMOUR
AVEC LA VUE PROFONDE

21. Ressentir l'empathie 187
22. Méditer sur l'impermanence 194
23. Vers l'amour ultime 205

Annexe : Reprendre les réflexions méditatives 217

Du même auteur

Introduction au bouddhisme tibétain
Dervy, 1971, 1998

La Lumière du dharma
Seghers, 1973
Pocket, 1995

L'Enseignement du Dalaï Lama
Albin Michel, 1976, 1987

Méditation sur l'esprit
Dervy, 1982

Les Quatre Nobles Vérités
Marzens, Éditions Vajra Yogini, 1982

Une approche humaine pour la paix dans le monde
Marzens, Éditions Vajra Yogini, 1986

Pratiques de la voie spirituelle
Éditions Trismégiste, 1987

Enseignements essentiels
Albin Michel, 1989

Au loin la liberté
Mémoires
Fayard, 1990
et LGF, « Le Livre de poche », 1993

Cent Éléphants sur un brin d'herbe
Enseignements de sagesse
Seuil, 1990
et « Points Sagesses » n° 120, 1997

Mon pays et mon peuple
Genève, Olizane éditeur, 1990

Océan de sagesse
Pocket, 1990

Ainsi parle le Dalaï Lama
(Entretiens avec Claude B. Levenson)
Balland, 1990 et 2003
LGF, « Le Livre de poche », 1994

Comme un éclair déchire la nuit
Albin Michel, 1992, 1997

La Méditation au quotidien
Olizane éditeur, 1992

L'Éveil de bodhicitta
Marzens, Éditions Vajra Yogini, 1993

Esprit science
Dialogue Orient-Occident
Vernègues, Claire Lumière, 1993

Une politique de la bonté
Vernègues, Claire Lumière, 1993

Les Voies du cœur
Cerf, 1993

Au-delà des dogmes
Albin Michel, 1994

Épanouir l'esprit et ouvrir son cœur à la bonté
Éditions Dewatshang, 1994

Clarté de l'esprit, lumière du cœur
Calmann-Lévy, 1995

La Force du bouddhisme
Mieux vivre dans le monde d'aujourd'hui
R. Laffont, 1995
Pocket, 1996

Passerelles
Entretiens avec le Dalaï Lama sur les sciences de l'esprit
Albin Michel, 1995, 2000

Terre des dieux, malheur des hommes
J.-C. Lattès, 1995
et LGF, « Le Livre de poche », 1996

Vivre la méditation au quotidien
Éditions Dewatshang, 1995

La Voie de la liberté
Calmann-Lévy, 1995

Le Dalaï Lama parle de Jésus
Brepols, 1996
et J'ai lu, 1998

Le Monde du bouddhisme tibétain
La Table ronde, 1996
et Pocket, 1998

Samsâra : la vie, la mort, la renaissance
Le Pré-aux-clercs, 1996
et Pocket, 1997

Tant que durera l'espace
Albin Michel, 1996

Le Sens de la vie
Dangles, 1996
J'ai lu, 1998

La vie est à nous
Albin Michel, 1996
et Pocket, 1998

Comme la lumière avec la flamme
Éditions du Rocher, 1997

Kalachakra
Éditions Vajra Yogini, 1997

La Puissance de la compassion
Presses de la Renaissance, 1997
et Pocket, 2001

Quand l'esprit dialogue avec le corps
G. Trédaniel, 1997, 2007

Questions à Sa Sainteté le Dalaï Lama
La Table ronde, 1997

La Voie de la félicité
Ramsay, 1997
et Pocket, 1999

La Voie de la lumière
Presses du Châtelet, 1997
J'ai lu, 1999

Du bonheur de vivre et de mourir en paix
Calmann Lévy, 1998
Seuil, « Points Sagesses » n° 147, 1999

Guérir la violence
Plon, 1998
et Pocket, 2000

Méditation sur l'esprit
Dervy, 1998

Un voyage vers le bonheur
Éditions Vajra Yogini, 1998

Dormir, rêver, mourir
Nil éditions, 1998

L'Art du bonheur
R. Laffont, 1999
J'ai lu, 2000

Conseils spirituels aux bouddhistes et chrétiens
Presses du Châtelet, 1999
Seuil, « Points Sagesses » n° 172, 2002

L'Esprit de Bodhaya
Sourire et Philosophie
Ramsay, 1999

Pacifier l'esprit
Albin Michel, 1999, 2007

La Voie vers la paix
G. Trédaniel, 1999

Sagesse ancienne, monde moderne
Fayard, 1999
LGF, « Le Livre de poche », 2002

Le Yoga de la sagesse
Presses du Châtelet, 1999
Seuil, « Points Sagesses » n° 154, 2000

Les Meilleures Blagues du Dalaï Lama
Éd. Hors-collection, 1999

La Compassion et l'Individu
Actes Sud, 2000

Dzogchen
The Tertön Sogyal Trust, 2000
Seuil, « Points Sagesses » n° 203, 2005

Les Étapes de la méditation
G. Trédaniel, 2000, 2007

Ouvrir l'œil de la nouvelle conscience
Courrier du livre, 2000

Le Pouvoir de l'esprit
Fayard, 2000
Pocket, 2006

Cinq Entretiens avec le Dalaï Lama
Marabout, 2001

L'Initiation de Kalachakra
Pour la paix dans le monde
Desclée de Brouwer, 2001

Préceptes de vie du Dalaï Lama
Presses du Châtelet, 2001
Seuil, « Points Sagesses » n° 182, 2002

Paix des âmes, paix des cœurs
Presses du Châtelet, 2001
J'ai lu, 2003

Sages Paroles du Dalaï Lama
Éditions I, 2001
J'ai lu, 2002

La Voie de la sérénité
Éditions du Gange, 2001

L'Art de la compassion
R. Laffont, 2002
J'ai lu, 2004

Comment pratiquer le bouddhisme ?
Plon, 2002
Pocket, 2003

Conseils du cœur
Presses de la Renaissance, 2002
Pocket, 2003

Kalachakra
Guide de l'initiation et du Guru Yoga
Desclée de Brouwer, 2002

Le Petit Livre de sagesse du Dalaï Lama
365 pensées et méditations quotidiennes
Presses du Châtelet, 2002, 2005

Transformer son esprit
Sur le chemin de la sérénité
Plon, 2002
LGF, « Le Livre de poche », 2003

Les Voies spirituelles du bonheur
Presses du Châtelet, 2002
et Seuil, « Points Sagesses » n° 190, 2004

365 méditations quotidiennes pour éclairer notre vie
Presses de la Renaissance, 2003, 2005

Un autre regard
Réflexion sur l'existence, le bonheur, l'amour, la mort…
Éditions Vajra Yogini, 2003

Essence de la sagesse
Presses du Châtelet, 2003

Paroles du Dalaï Lama
Albin Michel, 2003

Vaincre la mort et vivre une vie meilleure
Plon, 2003
J'ai lu, 2004

Surmonter les émotions destructrices
Un dialogue avec Le Dalaï Lama
R. Laffont, 2003

L'Art du bonheur 2
R. Laffont, 2004
J'ai lu, 2005

Compassion et Sagesse
M. Lafon, 2004

L'Harmonie intérieure
La voie psycho-spirituelle du mieux-être
J'ai lu, 2004

Paroles de sagesse et de paix
Dangles, 2004

Le Pouvoir de la bonté
Presses du Châtelet, 2004

Au cœur de l'éveil
Dialogue sur les bouddhismes tibétain et chinois
J.-C. Lattès, 2005
Seuil, « Points Sagesses », n° 214, 2006

Les Chemins de la félicité
Presses du Châtelet, 2005
Pocket, 2007

Leçons de sagesse
Plon, 2005
Pocket, 2006

Savoir pardonner
Presses du Châtelet, 2005
Pocket, 2007

Pratique de la sagesse
Presses du Châtelet, 2005

Tout l'univers dans un atome
Science et bouddhisme, une invitation au dialiogue
R. Laffont, 2006

Leçons d'amour
Plon, 2006
et Pocket, 2008

108 perles de sagesse pour parvenir à la sérénité
Presses de la Renaissance, 2006
Pocket, 2008

Sur la voie de l'éveil
Presses du Châtelet, 2007

Sagesse du bouddhisme tibétain
J'ai lu, 2008

La Grande Paix de l'esprit
La vision de l'éveil dans la grande perfection
La Table Ronde, 2008

Une année avec le Dalaï Lama
Une pensée par jour pour mieux vivre
Presses de la Renaissance, 2008

Compassion
Inspirations et paroles du Dalaï Lama
Acropole, 2008

La Voie des émotions
(avec Paul Ekman)
Grainville, City, 2008

IMPRESSION : NORMANDIE ROTO IMPRESSION S.A.S., À LONRAI (61250)
DÉPÔT LÉGAL : FÉVRIER 2009. N° 97458 (090190)
Imprimé en France